AF310700

FONDATION

DE

LA QUATRIÈME DYNASTIE,

OU

DE LA DYNASTIE IMPÉRIALE.

Tibi serviat ultima, Thule !

Hor.

~~~~~

XVIII BRUMAIRE AN XIII.
~~~~~

FONDATION

DE

LA QUATRIÈME DYNASTIE,

OU

DE LA DYNASTIE IMPÉRIALE.

« QUAND la loi politique, qui a établi dans
» l'État un certain ordre de succession, devient
» destructive du corps politique pour lequel elle
» a été faite, il ne faut pas douter qu'une autre
» loi politique ne puisse changer cet ordre ; et
» bien loin que cette même loi soit opposée à
» la première, elle y sera dans le fond entiére-
» ment conforme, puisqu'elles dépendront toutes
» deux de ce principe : LE SALUT DU PEUPLE
» EST LA SUPRÊME LOI (1). »

Tous les publicistes anciens et modernes, les
Républiques et les Monarchies, les hommes d'État

______

(1) De l'*Esprit des Lois*, liv. 26, ch. 23.

de tous les pays, les meilleurs esprits de tous les siècles ont consacré cette vérité fondamentale du contrat social ; mais aucun homme d'État ne lui a prêté plus de force que l'auteur de *l'Esprit des lois*. Un Français, imbu de tous les préjugés de sa naissance et de sa profession, n'a pas craint d'énoncer cet axiôme politique ; et c'est dans les premières classes de l'ancienne Monarchie française, que l'on trouve une autorité qui parle si bien au cœur et à l'esprit.

Des plumes habiles et plus exercées que la mienne, n'ont laissé aucun doute sur la légitimité des droits de la Maison de Bonaparte au trône impérial de France ; mais il reste des prétextes à ces hommes qui sont étrangers à la gloire de la France, ennemis de tout Gouvernement, rebelles à la raison et toujours prêts à confondre leur intérêt ou leur ambition avec les maximes du droit public ou avec les préceptes de la philosophie. Il convient donc, et j'essayerai de prouver, autant qu'il peut dépendre de mes faibles lumières, *le droit que la Nation a eu d'expulser, successivement, les Dynasties royales qui ont gouverné la France, et de déférer la couronne impériale à la Maison de Bonaparte. J'essayerai d'indiquer les effets que la reconnaissance du pouvoir souverain et héréditaire, dans la Maison impériale de Bonaparte, doit pro-*

duire en France et en Europe : dans l'intérieur de la France, en extirpant tous les germes de factions et de guerres intestines; dans toute l'étendue de l'Europe, en prévenant ces révolutions et ces déchiremens immenses dont les grandes Monarchies et les petits États étaient également menacés par la révolution française, et sont préservés par le Gouvernement actuel, qui peut seul leur garantir l'heureuse certitude du maintien et de la jouissance de leurs droits politiques.

L'auteur d'une brochure savante et *française* (1) a très-bien développé les droits que les trois premières Dynasties et les diverses familles des Rois de France avaient exercés jusqu'à nos jours. Certains personnages doivent même savoir gré à cet écrivain politique, de la modération avec laquelle de si grands intérêts ont été discutés dans ce lumineux écrit. La raison et la justice n'ont jamais recours, il est vrai, à ces honteuses diatribes qui caractérisent les ouvrages d'une Nation ennemie: la meilleure de toutes les causes doit être défendue avec les armes les plus honorables.

Dans une conjoncture aussi solennelle, je ne saurais me défendre de présenter quelques réflexions sur l'époque de la fondation et de l'extinc-

____

(1) Ouvrage intitulé : *Naturel et légitime.*

tion des Dynasties qui ont gouverné la France pendant près de treize siècles : il est des vérités qu'on ne peut trop développer, il est des erreurs qu'il faut poursuivre jusque dans leurs derniers retranchemens.

Nous vivons dans des tems qui seront à jamais célèbres ; une époque aussi magnifique de notre histoire ne trouvera point, je crois, un seul Français insensible à la gloire et au bonheur de sa patrie. Ces sentimens inspirent mes pensées ; j'ose donc espérer que mes concitoyens accueilleront ce faible hommage de mon affection pour eux et de ma fidélité à mon Empereur.

Loin de moi tout sentiment de haine, d'animosité, de prévention ! Je consulte l'histoire, je cite les faits, et je parle des hommes, parce que je suis forcé de parler des choses.

PREMIÈRE DYNASTIE

DITE

DES MÉROVINGIENS.

Clovis est généralement reconnu pour le véritable fondateur de la Monarchie française. Les batailles de Soissons et de Tolbiac affermirent sur sa tête la couronne, ou plutôt le commandement des armées que les Francs avaient décerné à Pharamond et à Mérovée. Il est essentiel de remarquer que l'Armorique, c'est-à-dire, la Bretagne, se donna à Clovis : on voit le premier Roi chrétien de France reconnaître à une province ou à un peuple le droit de se choisir un souverain.

La plupart des Monarchies modernes s'établirent à cette époque : l'Empire romain croulait de toutes parts. Les Anglo-Saxons ravirent la Grande-Bretagne aux Romains, et formèrent cette heptarchie dont la réunion de souverainetés, sous un seul chef, a fondé la Monarchie anglaise. Les Visigoths s'emparèrent de l'Espagne, les Ostrogoths donnèrent naissance au royaume de Lombardie, les Bourguignons formèrent une puissance redoutable, et les Francs, sous la conduite de Clovis, fondèrent en France la première Monarchie de l'Univers.

Revêtu du titre glorieux de Libérateur des Gaules, Clovis mérita et obtint celui de Roi des Français. « Il reçut de l'Empereur d'Orient, qui sem- » blait exercer encore la puissance romaine, le titre » de Patricé, de Consul, même d'Auguste. »

Le partage de la Monarchie entre les enfans de Clovis, les prétentions respectives des Chefs militaires, la férocité des Princes et des épouses de ces Princes, cette barbarie qui est presque toujours compagne de l'ignorance et de la superstition, toutes ces causes produisirent l'affaiblissement de la Monarchie ; la puissance des Maires du Palais, c'est-à-dire, des Grands-Officiers de la Couronne, s'éleva sur les ruines de l'autorité royale, favorisa la paresse des Rois, et anéantit leur puissance. Les ennemis extérieurs profitèrent des troubles que l'enfance et la nullité des Monarques français devaient nécessairement engendrer ; les provinces se soulevèrent, et Charles-Martel, après avoir sauvé les Français, réussit à régner sur eux sous le titre de Duc ou de Chef. Ses enfans se partagèrent l'héritage de sa puissance, et l'imbécille Childéric éteignit la dynastie des Mérovingiens.

Il était dans l'ordre naturel des choses, que les Maires du Palais usurpassent la couronne et la rendissent héréditaire dans leur famille ; les Maires du Palais offrirent presque tous des vertus et des talens. Indépendamment de cette considération, un Roi faible, retiré dans son palais et plongé dans la débauche sera, dans tous les tems, subjugué par un ministre habile. Ce Roi sera exposé à perdre la couronne lorsque le ministre des affaires sera aussi le chef des armées. L'Allemagne offre de toutes parts, l'exemple d'une semblable usurpation de souverainetés. Des offices militaires accordés d'abord pour un tems, confirmés ensuite pour la vie, et rendus enfin héréditaires par la force ont fondé tous les États qui sont au-delà du Rhin ; ce qui n'empêche point que les chefs de ces souverainetés, légalement transmises et généralement reconnues par les sujets, ne jouissent d'un titre et d'une autorité légitimes ; car tout système politique, quel qu'il soit, a été formé par le consentement des peuples, soit avant, soit après la conquête.

Le Gouvernement des Francs était monarchique et héréditaire, sans droit d'aînesse ni même de légitimité de naissance. Cet ordre de choses devait produire, et produisait en effet des guerres intestines à chaque règne, entre tous les enfans du Monarque. Le Roi était maître de faire la guerre et la paix, mais il ne pouvait adjoindre son fils au Gouvernement de l'État, qu'après avoir fait approuver cette disposition dans l'Assemblée des États. Il était dans l'obligation de consulter cette Assemblée sur toutes les matières qui intéressaient directement la Nation.

Les services signalés de Charles Martel et les grandes qualités de Pépin déterminèrent la Nation française à placer la couronne dans la famille de ce dernier. Il fut proclamé Roi de France, et il monta sur le trône de Clovis par l'élection de tout le peuple et par la décision du souverain Pontife de Rome : décision qui consacrait, dans ces

premiers siècles, la volonté des peuples et les prérogatives des Souverains.

On voit, dans la première Dynastie royale
de France, la nation française choisir son chef,
placer la couronne dans sa famille, changer l'ordre
de la succession et déposséder cette famille lorsqu'elle se rend indigne du trône.

SECONDE DYNASTIE

DITE

DES CARLOVINGIENS.

Pépin régna glorieusement et justifia les suffrages
du peuple ; mais son plus beau droit à la reconnaissance des Français est d'avoir été le père de Charlemagne.

L'histoire n'avait point trouvé, jusqu'à nos
jours, un homme dont elle pût opposer le nom
au nom de Charlemagne. En effet, ce prince
éleva son rang, son titre et le peuple français à
un tel degré gloire, que les Empereurs d'Occident
règnent encore d'après ses droits et se parent encore de sa dignité. Son génie était prodigieux. Ce
qu'il osa concevoir étonne l'imagination ; ce qu'il
voulut exécuter n'a pu être surpassé que par Napoléon, c'est-à-dire, par l'homme auquel il a
été donné de commander à la fortune et de pré-

valoir sur les siècles, d'éteindre sans persécution les querelles religieuses, et de délivrer l'Europe de la double anarchie féodale et révolutionnaire. Si l'on a quelque respect pour la vérité, on ne peut comparer Charlemagne ni au Roi de la Macédoine, ni au maître de la République romaine, ni à ces illustres aventuriers du pôle arctique, dont les noms remplissent cependant tous les panégyriques et fournissent la matière de tous les éloges. La gloire de Charlemagne fut entiérement son ouvrage; ses capitulaires, ses réglemens, ses ordonnances étonnent l'esprit par la supériorité de vues, par la prévoyance d'idées qui caractérisent ces monumens de la sagesse et du génie. La création d'un système maritime sur les côtes de l'*Océan français*; le dessein qu'il forma d'établir l'égalité des poids et mesures; l'ordre qu'il donna à son fils, de se poser lui-même la couronne sur le front; le projet de joindre le Danube au Rhin, sont, dans le neuvième siècle, quatre pensées d'une grandeur et d'une hardiesse que les siècles de philosophie et de lumières sont forcés d'admirer. Charlemagne remplit la Terre de son nom, et fit les meilleures lois que son siècle et ses peuples pussent supporter. Il ne négligea rien : il remédia à tout pendant le cours de son règne. Ses provinces étaient des Empires, ses officiers devinrent des Souverains, et jamais l'obéissance des peuples ne fut plus entière, jamais le commandement d'un chef ne parut plus auguste. Son activité, sa valeur, son application, sa magnificence, ses châtimens, sa bonté, tout fut grand comme son âme, tout fut vaste comme son génie : Charlemagne fut le maître du Monde, mais son Empire devait finir avec son siècle.

Charlemagne fut forcé de faire le partage de ses États : les Seigneurs français le confirmèrent. Cet Empereur laissa à ses peuples *la liberté de se choisir un Maître après la mort des Princes.* La plupart des lois qu'il établit pour le Gouvernement, furent en outre rédigées dans les assemblées de la Nation, composées alors des Évêques et des principaux Seigneurs.

L'on voit ce Conquérant auguste, toujours animé par les dispositions les plus généreuses, reconnaître à la Nation française le droit de se choisir des Souverains, et préférer la liberté des peuples aux prérogatives du pouvoir absolu.

Charlemagne possédait toutes les qualités nécessaires pour fonder un grand Empire : son successeur eut tous les défauts propres à le ruiner. Le nouveau partage des États qui composaient l'Empire français, vint encore affaiblir l'autorité des Empereurs-Rois. Ils rendirent les dignités héré-

ditaires , opprimèrent les peuples, et firent des traités si honteux avec les Normands et les Sarrasins,
que la Nation française, la Nation italienne et la
Nation allemande furent réduites, soixante-dix
ans après la mort de Charlemagne, à déposséder
Charles-*le-Gros* de la dignité souveraine ; il mourut
accablé du mépris de ses sujets.

Cette révolution politique priva les descendans
de Charlemagne d'une grande portion de son héritage ; elle leur enleva l'Italie et l'Allemagne : la
France perdit, par la lâcheté de ses Rois, plutôt
que par le courage de ses ennemis , le titre impérial et le domaine d'Occident, qui lui étaient
incontestablement dévolus par le double droit de
conquête et de suffrage des peuples (1). L'amour

---

(1) Voici ce que dit à ce sujet le jurisconsulte Pfeffel,
dont l'autorité fait foi en Allemagne , dans son *Histoire du
droit public d'Allemagne*, première partie , pag. 68. « La
» mort de Louis IV, surnommé l'*Enfant*, est une époque
» mémorable dans le droit public d'Allemagne. Cette vaste
» contrée était une conquête de Charlemagne. Il était donc
» naturel qu'elle demeurât héréditaire dans sa famille.
» Louis IV fut le dernier des descendans de Louis-le-Ger-
» manique, et à sa mort son royaume devait retourner de
» droit à la branche de Charles-le-Chauve, la seule qui
» subsistait encore des trois que les fils de Louis-le-Débon-
» naire avaient formées. Il est très-vraisemblable que les
» Allemands auraient fait attention aux justes prétentions

et le respect des Français pour Charlemagne con-
servèrent la Monarchie française aux Princes de son
sang ; mais la nullité et les crimes de ces Princes
obligèrent, un siècle plus tard, la Nation française
à déposséder la Dynastie carlovingienne de tous les
droits qui lui avaient été conférés. « L'ESPRIT DE
» CHARLEMAGNE N'ÉTAIT PLUS AVEC SA POS-
» TÉRITÉ. »

Eudes, Comte de Paris et fondateur de la Dynastie des Capets, fut proclamé Roi de France,
et défendit la capitale contre les Normands ; après
sa mort, la couronne fut rendue aux descendans de
Charlemagne. Les Français replacèrent trois fois
les Princes de cette race sur le trône ; trois fois les
Français se virent dans la nécessité de faire des-
cendre ces Princes du trône : grande et belle générosité de la Nation française, exemple mémorable
de sa fidélité et de son amour pour le sang de ses
Rois !..... Mais la Nation était grande, ces Rois
étaient vils. Ces indignes successeurs du plus illustre
des Monarques avilirent sans cesse la Nation, con-

» des Français, si tout autre que Charles-le-Simple eût été
» sur leur trône. Mais ce Prince faible, méprisé de ses sujets
» qu'il ne pouvait contenir dans leur devoir, le fut encore
» plus des Allemands. *On oublia la justice de ses droits,*
» parce qu'il était incapable de les faire valoir, et les Alle-
» mands élurent un Roi tiré du corps de leur Nation. »

(15)

sentirent, avec les Puissances ennemies, les transactions les plus ignominieuses, appelèrent l'étranger dans le sein de l'État, aliénèrent des provinces, démembrèrent le territoire de la Monarchie. Au milieu de toutes ces lâchetés, les ancêtres de Hugues Capet soutinrent la gloire de la Nation, et défendirent vaillamment sa cause. Enfin, Louis-*le-Fainéant* ayant porté sur le trône de France tous les vices et toute la faiblesse d'une race profondément dégénérée, Hugues, appelé par les suffrages de la Nation, s'empara de l'autorité royale malgré les prétentions de Charles, oncle du jeune Roi, qui réclamait en sa faveur les droits de sa naissance. Les Français jugèrent Charles *indigne* de régner sur eux et *déchu* de son droit, *par cela même qu'il appelait les forces de l'étranger dans le sein de la France*; ils se réunirent pour *reconnaître* Hugues Capet, dont les droits furent alors incontestables puisqu'il avait sauvé l'État, et puisqu'il jouissait du suffrage de la Nation représentée par de grands vassaux qui avaient usurpé les droits politiques de la Nation et une grande partie des terres de la couronne, mais qui n'en étaient pas moins les interprètes de la volonté générale.

Charles, bien différent de certain *Prétendant* de nos jours, disputa, les armes à la main, les droits qu'il réclamait sur la couronne de France; il en fut exclu, mais il ne mourut pas sans avoir combattu.

Hugues Capet fut proclamé Roi de France. La branche dite de Bourbon, descendant en ligne collatérale de la Dynastie de Hugues Capet, exerçait en France l'autorité royale en vertu des droits qui avaient été acquis et concédés à Hugues Capet. Si ce chef de Dynastie ne fut point Souverain légitime, la famille de Bourbon régnait donc en vertu d'un droit usurpé : si Hugues Capet, au contraire, fut élevé au trône par les suffrages de la Nation, qui changea *légalement* en faveur de ce Prince l'ordre de succession précédemment établi en faveur de la Dynastie carlovingienne, la famille de Bourbon a été *légalement* et *légitimement* dépossédée de tous ses droits, puisque la Nation française, ayant élu pour Roi le fondateur de la Dynastie des Capets, a pu détruire l'ordre de succession dans cette Dynastie lorsque les descendans de Hugues Capet, comme ceux de Charlemagne, ont cessé de mériter l'obéissance et l'affection des Français.

Il est prouvé, ce me semble, que les vices des derniers Princes des deux premières races royales de France ont légitimé la déchéance de ces deux races ; il est prouvé que la Nation française a eu le droit de prononcer leur déchéance, et de confier l'exercice de l'autorité royale à la famille de Hugues Capet : je prouverai plus bas que la famille

mille de Hugues Capet, c'est-à-dire, la famille de Bourbon, a encouru et mérité la déchéance, et que le peuple français a eu le droit de déposséder cette famille, et de changer, par une nouvelle loi politique, l'ordre de la succession au trône.

Deux causes principales, on a dû le remarquer, firent perdre à la Nation française l'Empire d'Occident : les partages entre les enfans du Prince, la faiblesse et les défauts de ces Princes.

Les révolutions essuyées par les deux premières races des Rois de France offrent des particularités bien frappantes : ces révolutions *légitimaient* déjà l'expulsion de la troisième race, et justifiaient la Nation française de tous les reproches que les puissances ennemies de la France pourraient lui adresser un jour à cet égard. On sent qu'avant de parler des fautes commises et de la tyrannie exercée par les Rois de la troisième race, il faut parler des usurpations de tout gence que les Rois, le Clergé, la Noblesse et les Cours de judicature avaient exercées sur la Nation française : les faits vont s'expliquer d'eux-mêmes.

Après avoir conquis les Gaules, les Francs eurent en partage une certaine portion des terres de cette contrée, et ces terres furent déclarées héréditaires dans leurs familles. Il y avait des esclaves dans les Nations gauloises, car les Romains

B

n'avaient point renoncé à ce signe barbare de la domination, en introduisant leur domination au-delà des Alpes. Il y avait aussi chez les Germains une condition d'esclaves, et Tacite a pris soin de nous transmettre les détails relatifs à cette espece de servitude. *Cæteris servis non in nostrum morem descriptis per familiam ministeriis utuntur. Suam quisque sedem, suos penates regit. Frumenti modum Dominus, aut pecoris, aut vestis, ut Colono injungit, et servus hactenùs paret. Cætera domûs officia uxor ac liberi exsequuntur.* C'est la condition du fermier plutôt que celle du serf : on y voit les fondemens du régime féodal, mais on n'y trouve pas le joug féodal.

« Les Francs, dit le président Hénault, ne » firent point de nouveaux esclaves dans les Gau- » les : il paraît, au contraire, que la manière » qu'ils y introduisirent de traiter les serfs était » moins dure pour eux et plus utile pour leurs maî- » tres. » Après la conquête opérée par les Francs, les Gaulois continuèrent à jouir de leurs possessions et de leur état civil comme sous le Gouvernement romain. Si l'on voulait prétendre que la Nation gauloise n'était composée que d'esclaves, parce qu'il y avait des esclaves parmi les Nations gauloises, il faudrait en conclure, avec la même absurdité, que le peuple romain était esclave, parce

(19)

qu'il y avait des esclaves dans la République romaine : « Les Français (c'est-à-dire , les Gaulois
» et les Francs), *quelle que fût leur naissance ,*
» avaient droit aux charges et aux gouvernemens,
» et étaient employés à la guerre sous l'autorité du
» Prince qui les gouvernait : Constitution excel-
» lente , dit Matharel, ad op. *Franco-Gallia ,* qui
» *n'a jamais exclu* et n'exclura jamais les citoyens
» nés dans le plus bas étage , des dignités les plus
» relevées.

» Les citoyens de la France , même depuis
» Clovis , sous la première et long-tems sous la
» deuxième race , étaient tous d'une condition
» égale , soit Francs, soit Gaulois ; et cette éga-
» lité , qui dura tant que les Rois furent absolus,
» ne fut troublée que par la révolte et la violence
» de ceux qui *usurpèrent les seigneuries.* Ce n'est
» pas qu'il n'y eût sous les deux premières races
» des hommes plus puissans que d'autres ; et ,
» en effet, on aurait peine à comprendre comment
» des Gaulois ou des Francs , revêtus de grandes
» dignités , auraient été du même ordre que les
» autres citoyens ; mais cela vient de ce qu'on
» confond l'autorité avec l'état des personnes : on
» ne saurait nier qu'il n'y eût des hommes plus
» considérables les uns que les autres , mais cela
» ne faisait point que les distinctions dont ils

» jouissaient, les rendissent d'une autre nature ;
» pour ainsi dire, que leurs concitoyens : ils en
» étaient les premiers, mais ils n'en étaient pas
» séparés, *et les charges de l'État étaient portées*
» *par les uns et par les autres.* »

Le président de Montesquieu a élevé des doutes sur cette égalité d'état de personnes avant l'établissement héréditaire des fiefs, mais il n'a donné aucune preuve qui ne soit, au contraire, en faveur de cette égalité : tout le système de Montesquieu porte sur le régime féodal et ne détruit aucune des raisons fournies par l'abbé Dubos. Les chroniques du septième et du huitième siècle, les livres de Grégoire de Tours et les capitulaires prouvent cette égalité civile et les droits politiques des Français avant l'établissement des fiefs, d'une manière incontestable.

Cette égalité fut détruite par la faiblesse, les cruautés et les vices des descendans de Charlemagne. Il négligea le soin de former, d'élever ses successeurs : ces Princes provoquèrent l'indépendance des Gouverneurs de frontières, de provinces, de villes ; ces Gouverneurs rendirent héréditaires dans leurs familles les fonctions, les titres et les services militaires qui avaient été confiés à leurs personnes, pendant la durée de leur vie : au moyen des forces dont ils avaient la disposition, les Gouverneurs s'emparèrent des terres et de la justice, et se constituèrent ainsi propriétaires et maîtres des lieux et des personnes dont ils n'étaient que les gardiens et les magistrats.

Toutes les souverainetés qui existent en Allemagne n'ont point une autre origine, à commencer par le margraviat d'Autriche, et à finir par le comté de Reuss.

Alors commença la *noblesse*, ou pour mieux dire la *seigneurie*, par l'usurpation du territoire et de la justice. Cette usurpation fit les *Nobles*. Une foule de petits tyrans, forts de la faiblesse du Roi, de la protection des Évêques et de l'ignorance du peuple, se partagèrent entre eux des troupeaux d'esclaves ou serfs, dont ils disposèrent comme de leur patrimoine. L'homme devint la propriété de l'homme; les droits les plus odieux furent *établis*; la tyrannie la plus cruelle fut exercée. Ces possesseurs de fiefs embarrassèrent de tous côtés l'autorité royale, la combattirent, la subjuguèrent, et la forcèrent à consacrer ce régime *féodal* qui devint bientôt redoutable à l'autorité royale elle-même, par la réunion de plusieurs seigneuries sous un même titre, c'est-à-dire, sous un même chef constitué en état de rebellion envers la couronne. Les duchés et les comtés furent institués sous un rapport politique, et formèrent chacun un État nouveau dans l'Etat. Des dignités et des fonctions amovibles et dépendantes reçurent un caractère légal de puissance et d'hérédité ; le consentement des peuples fut arraché par la violence , et la Monarchie se trouva partagée entre une infinité de chefs plus ou moins considérables , qui subdivisèrent la tyrannie de toutes les manières imaginables. Ces chefs et arrières-chefs se constituèrent dans un état permanent de guerre entre eux et le maître de la Monarchie française , et ils ne s'accordèrent à reconnaître encore un souverain commun que pour enchaîner plus fortement le peuple et la propriété au nom de ce souverain.

Quand Montesquieu dit que le régime féodal a produit de grands maux *et de grands biens ,* on est forcé de souscrire, malgré soi , au jugement qu'un grand auteur a porté sur *l'Esprit des lois ,* ouvrage d'ailleurs immortel , et qui contient dans chaque livre l'acte d'accusation de l'ancienne Monarchie française.

Les grandes dignités et les grandes propriétés se composèrent en France du double résultat de la conquête des Gaules par les Francs , et de l'usurpation héréditaire des offices militaires par les grands Officiers de l'État. Les Maisons les plus illustres de la Monarchie française invoquaient toujours cet ordre de choses et de personnes comme un droit légitime et fondamental ; mais ces Maisons étaient descendues au point de ne plus en retracer que le souvenir, l'orgueil et un abus devenu même dérisoire depuis le ministère du cardinal de Richelieu. Il faut joindre aux grandes causes d'usurpation énoncées plus haut, les confiscations dont les événemens de la guerre ont fait un droit chez tous les peuples et dans tous les siècles : c'est ainsi, par exemple, que le titre et les propriétés d'une des premières Maisons ducales de France se composèrent, en Languedoc, de la dépouille des malheureux Albigeois. D'un autre côté, il était peu de Seigneurs de la cour de France, dans les deux derniers siècles, dont les domaines *patrimoniaux* ne récélassent des confiscations territoriales opérées, par les édits des Rois. Les grands Seigneurs trouvaient même ces confiscations si justes et tellement à leur bienséance, qu'une des premières familles de l'État ne rougit pas de demander à Louis XIII la confiscation des biens de M. de Sully, *comme étant de la religion réformée.* L'homme de cour établissait en principe que la guerre étant déclarée aux Protestans, *leurs biens étaient légitimement dévolus à l'État :* cet homme avait acheté de M. de Sully des propriétés pour une somme de douze cent mille livres, n'avait point acquitté cette somme, et en demandait

quittance par la confiscation des biens du plus vertueux des ministres. Je tais le nom de cette famille,
mais il doit m'être permis de dire qu'elle pronon-
çait elle-même, il y a cent quatre-vingts ans, la
condamnation de ses descendans : elle ne méritait
guère, je crois, de porter le titre de Prince, ni
d'occuper un des premiers rangs de la Monarchie.

Si l'on a étudié l'Histoire de France, si l'on veut
être impartial et de bon sens, on doit convenir que
le Maréchal d'Empire Murat, cet illustre guerrier,
compagnon des victoires de BONAPARTE, et qui
mérita l'honneur d'être associé à son auguste famille ; que les Maréchaux d'Empire Berthier, Las-
nes, Augereau, Masséna, Bernadotte, Lefèvre,
Jourdan, etc. ; que les généraux Dugommier, De-
saix, Joubert, et tant d'autres capitaines qui servirent leur patrie sans aucune acception d'intérêts
politiques, et qui ne virent que l'intérêt de leur
pays au milieu des factions qui déchiraient son sein,
il faut convenir, dis-je, que tous ces guerriers, ouvrages de leurs mains, dont les exploits ont fait
triompher nos armées et illustreront le nom français chez nos derniers neveux, doivent transmettre
à leurs descendans une splendeur de nom et de race
plus brillante et plus légitime que celle des Latré-
mouille, des Montmorency, des Rohan, des Beau-
fremont, et de plusieurs autres grandes familles de

la Monarchie française, dont l'élévation fut d'abord l'effet du brigandage, et dont l'illustration ne fut que la récompense des services souvent dangereux et toujours intéressés que ces familles rendirent à leur patrie.

On ne connaissait point de *Nobles* ou de Seigneurs par le fief, dans les différens Gouvernemens de la Grèce et de l'Empire romain ; seulement il y avait des hommes distingués par leurs services ou par leurs fonctions dans l'État, du reste de leurs concitoyens. Rome avait des Patriciens ; les Patriciens exerçaient une haute dignité, et transmettaient à leurs descendans la distinction de rang et de nom ; mais les Patriciens ne possédaient pas une terre à laquelle ces droits fussent attachés ; cette terre n'était pas un titre d'oppression envers les citoyens et d'exemption d'impôt envers l'État ; et si l'on veut appeler le patriciat une noblesse, il faut du moins convenir qu'elle n'avait aucun rapport avec la noblesse fondée dans le huitième siècle, et consolidée dans le neuvième. Le patriciat était une distinction méritée et utile à l'État ; il formait une très-bonne institution politique, et cette institution aurait pu devenir, en France, une excellente base de la Monarchie française, et prévenir même tous les maux causés par la noblesse féodale. On ne trouve pas la moindre trace de *cette noblesse* dans les anciennes

Monarchies, chez les Égyptiens et dans les Gouvernemens de l'Orient : on dit cependant que la civilisation et la législation ont été fondées avec les Monarchies orientales.

Le titre de *miles* ou de soldat fut un titre d'honneur chez les Romains, chez les Germains, chez les Gaulois : *notabilis* ou *nobilis* ne voulut jamais dire autre chose que homme notable ou distingué. Dans le neuvième siècle, *miles* voulut dire chevalier : les premières familles de la Monarchie française, qui commencent dans la personne de Bouchard-le-Barbu, véritable capitaine de bande (on ne sait pas même si ce Bouchard provient d'une famille de Franc, d'une famille gauloise libre, ou d'une famille gauloise serve), cherchèrent et prirent leur illustration dans la profession des armes. Il faut en conclure que les militaires qui composent aujourd'hui l'armée française, ont puisé leur illustration dans une source plus pure que celle de la noblesse féodale.

Dans tous les tems, chez toutes les nations, sous toutes les formes de gouvernement, on consacrera les distinctions méritées par de grands services, par un dévoûment sublime, par les sentimens du véritable honneur ou par un noble amour de son pays : *Duguay-Trouin* acquiert, sur les côtes d'Angleterre, la véritable noblesse du nom ; *Louis*

(27)

d'Assas l'immortalise à Clostercamp ; le Maréchal de *Ségur* la fait briller à Lawfeld et jusqu'au milieu des cours ; *Charles de Larochefoucauld* s'y montre, comme lui, un *grand Seigneur* lorsqu'il déplore, en présence de son Roi, les malheurs de sa patrie (1). De pareilles actions, des sentimens aussi élevés, créent véritablement une classe de distinction ; mais quant à la noblesse de donjon, quant à cette noblesse que l'on achetait à prix d'argent, je n'en parlerais point si elle ne devait pas être *marquée* comme la plus vile de toutes les distinctions.

-----

(1) Henri III, voulant faire Charles de Larochefoucauld, chevalier du Saint-Esprit, à la première promotion, le 31 décembre 1578, lui demanda un état de ses services : il en remit un : « Je ne vois là, lui dit ce Prince, que les siéges » et les batailles où vous vous êtes trouvé sous les règnes » de mon père et de mon grand-père. Sire, répondit La- » rochefoucauld au Monarque, nous combattions alors » contre les Espagnols ou les Anglais : contre qui avons- » nous combattu depuis ? Contre des Français. Quelles ba- » tailles et quels ennemis ! à Saint-Denis, à Dreux, à Jar- » nac, à Moncontour ! J'y ai vu quatre-vingt mille Français » séparés en deux armées, sous les plus braves et les plus » habiles chefs de l'Europe, s'élancer les uns contre les » autres et s'égorger. Ah ! peut-on mettre au rang de ses » services le massacre de ses parens, de ses amis, de ses » compatriotes, des Français !..... »

La classe appelée *noblesse* a offert des hommes sages, vertueux, recommandables par de bons services, et fidèles à l'honneur du nom français. Lorsque j'énonce les abus et les violences exercés par la noblesse, je ne parle et je n'entends parler de l'ancienne classe nobiliaire que sous le rapport de l'usurpation ou de l'institution féodale, politique ou civile. On sent de plus que je ne comprends pas, dans cette dénomination, les Maisons d'Albret, de Toulouse, de Périgord, de Bouillon, etc.; en un mot, ces familles de Princes qui avaient acquis l'exercice légal d'une autorité souveraine.

Il faut parler des confiscations : le droit est positif en faveur des acquéreurs des *biens nationaux*. Leur possession est aussi légitime entre les mains des propriétaires actuels, que l'était la possession des fiefs et des terres confisqués ou concédés par les Rois de France alors, au nom et aux droits de la Nation, en faveur des familles nobiliaires de l'ancienne Monarchie française.

Plusieurs familles *nobles* ont profité, dans les siècles précédens, de la confiscation des biens des Templiers, des confiscations opérées sous les règnes de Louis XI, de Charles IX, de Henri III; des confiscations ordonnées par Louis XIV sur les religionnaires et en vertu de la révocation de l'édit de Nantes : ces familles *nobles* sont réduites à nier

que les Rois de France aient eu le droit de confis-
quer et de leur concéder les confiscations, et alors
ces familles doivent restituer ; ou elles sont forcées
de reconnaître la légitimité de vente des biens nationaux, et alors elles doivent cesser de réclamer
dans l'opinion publique..... Les acquéreurs des biens
nationaux ont été mis en possession, en vertu des
mêmes droits que les Rois de France avaient exercés dans des conjonctures semblables. La loi politique qui a investi les acquéreurs de biens nationaux est même plus juste, puisqu'elle a exigé un
paiement destiné à la défense de l'État ébranlé par
la guerre générale, entreprise par les Nobles ou
pour les Nobles, tandis que la loi politique pro-
mulguée par les Rois de France a confisqué et a
concédé, presque toujours gratuitement, les confiscations opérées sur des sujets constitués ou déclarés en état de rebellion, souvent par la rapacité
des Princes, et presque toujours par la violation
des droits de la liberté ou de la conscience.

C'est en vain qu'on objecterait que plusieurs acquéreurs de biens nationaux ont acquis à vil prix.
De ce que plusieurs acquéreurs ont profité de la
situation critique dans laquelle se trouvait la République, il ne s'ensuit pas que leur acquisition puisse
être attaquée dans son droit, dans sa légitimité :
la possession est devenue incontestable. La Nation

ét le Gouvernement ont seulement le droit de demander la pleine exécution de la loi et du contrat
qui ont envoyé les acquéreurs en possession des
biens.

Dans tout ce qui est relatif aux confiscations prononcées depuis douze années, on peut admettre les
regrets ; mais les plaintes seraient mal fondées. Les
Grecs et les Romains fournissent dans les siècles
anciens, tous les États de l'Europe offrent dans les
siècles modernes, l'exemple des confiscations en-
courues par les citoyens qui abandonnent l'État, et
qui se placent eux-mêmes ou qui sont placés, par
le droit de la guerre, hors de l'État et hors de sa
loi. En Angleterre, Henri VIII et le long Parlement ont consommé des confiscations immenses
prononcées par la loi politique qui changeait le
système politique ou le système religieux ; les familles les plus considérables de la Grande-Bretagne jouissent aujourd'hui de ces confiscations et
de ces acquisitions. Les révolutions et les chan-
gemens survenus dans les divers Gouvernemens
pendant une longue suite de siècles, ont tous été
opérés, en France, dans un court espace de tems :
nous sommes encore étonnés, et avec raison ;
mais notre étonnement cesserait si nous voulions
considérer que quinze ans de notre histoire repré-
sentent une longue suite de siècles de l'histoire

des Empires. Aussi n'est - il en France un indi-
vidu, tant soit peu considérable, dont la propriété
et le nom n'aient éprouvé, dans sa personne,
toutes les vicissitudes que plusieurs siècles avaient
fait éprouver successivement à ses ancêtres et à
sa famille.

L'expropriation du Clergé et de la Noblesse
n'est point une injustice : la vente des biens nationaux est légitime, et j'ajouterai que la Nation
française jouit aujourd'hui, à peu de chose près,
de l'état politique et civil qu'elle consentit lorsqu'elle se constitua en corps de Nation. Il résulte
évidemment de l'examen réfléchi de notre Histoire ancienne, de la révolution française et du
Gouvernement impérial, que les trois classes privilégiées de la Monarchie royale, c'est-à-dire,
le Clergé, la Noblesse, et les Cours de judicature, appelées improprement *Parlemens*, n'ont
essuyé aucune expropriation, aucune injustice politique. Ces classes ont été seulement forcées à
restitution, et mises ainsi dans la loi, après avoir
été long-tems au dessus de la loi. La classe non
privilégiée, c'est-à-dire, le peuple ou la masse
entière de la Nation, n'a point usurpé ; elle s'est
ressaisie de sa volonté, de la loi, de ses droits ;
en sorte que le peuple français, toujours fondé
à réclamer l'égalité civile et politique des droits,

a dû se donner une constitution qui les lui assure
en conservant la forme primitive de son Gouvernement ; et ce même peuple, exclus par les ab-
surdes et iniques règlemens de ses Rois, de toute
participation effective aux dignités civiles et aux
emplois militaires, a eu le droit d'abolir les ordres
privilégiés, qui s'attribuaient des distinctions ignominieuses et des *priviléges* accablans pour le corps
entier de la Nation, et qui fondaient le droit sur
l'usurpation et l'abus sur le droit.

Je comprends, dans ces observations, le droit
inhérent à tout corps politique, de changer ou de
modifier les articles ou les actes de son association
lorsque les circonstances successives dans une race
élevée à la puissance souveraine, et lorsque le cours
ordinaire des choses humaines se réunissent pour
l'y déterminer : d'où il faut conclure que la révolution française a mis la Nation en jouissance de
l'égalité politique et civile établie entre les Francs
et les Gaulois, et d'où l'on est obligé de conclure
également que la Nation française a transmis la
dignité impériale, dont la France était en possession dès la fin du huitième siècle, à la famille de
Bonaparte, en vertu des mêmes droits que la Nation française exerça lorsqu'elle transmit la dignité
impériale à la Dynastie des Clovis, des Pépins et

des

des Capets, à la branche des Valois, à celle des Bourbons.

TROISIÈME DYNASTIE

DITE

DES CAPETS.

Hugues Capet soutint l'honneur de la Couronne ; ses premiers successeurs remplirent l'attente de la Nation ; mais un siècle ne s'était point écoulé que son arrière-petit-fils, couvert de vices, esclave de ses passions, méprisé de ses sujets, réussit à avilir, et par conséquent à affaiblir l'autorité royale. C'est sous le règne de ce premier Philippe, si remarquable par une enfance de cinquante ans, que commencèrent les Croisades : elles ont dévasté l'Europe, l'Asie et l'Afrique, pendant deux siècles.

Il faut attribuer aux malheurs et à la superstition des tems, à l'esprit généralement répandu en Europe dans ces siècles d'ignorance, et à la politique des différens souverains de l'Europe, cette expédition des Croisades, délire de la piété, de l'héroïsme et de la dépravation de mœurs dans les premières classes de la société : un moine ébranla le Monde. Les Croisades préservèrent du moins la France de la tyrannie et des guerres de plusieurs

C

grands vassaux, procurèrent l'affranchissement des serfs et préparèrent l'établissement des communes. Il est juste de rappeler que la France doit à l'abbé Suger, l'un des plus grands Ministres qui aient existé, les premiers rayons de sa liberté politique.

Sans le renouvellement des Croisades et sans le règne de Philippe-Auguste, la Dynastie des Capets aurait compté, vraisemblablement, une époque moins longue que celle des Carlovingiens ; mais Philippe-Auguste sut mettre un frein aux brigandages des grands et des nobles ; il se fit respecter des ennemis de la France, créa une marine dirigée contre l'Angleterre, et réunit plusieurs provinces à la couronne. Louis IX soumit les Barons et les Princes ligués, fit un très-bon usage des évocations et des cas royaux, sentit la nécessité de consulter L'ORDRE DU PEUPLE dans tous les objets d'administration qui intéressaient le peuple, établit les corps de communautés marchands, et fit de très-bons statuts pour le commerce, ou plutôt pour les échanges intérieurs : grand-homme sur le trône, homme au dessous du médiocre dans la vie privée.

Les premières lettres d'*anoblissement* furent données par son successeur ; les Croisades avaient fait faire un grand pas à l'autorité royale contre les possesseurs de fiefs et pour la liberté politique. « *L'anoblissement* leva cette séparation qui s'était

» introduite dans l'état des personnes ; il les rendit
» toutes d'une même espece, et retrancha plusieurs
» des prérogatives que les nobles prétendaient
» sur ceux qui ne l'étaient pas, et par là affaiblit
» les nobles ; et bientôt, le luxe qui avait banni
» l'égalité de chez les Romains, travailla à la
» rétablir chez les Français. »

Le régime féodal et l'ordre politique établis par
la violence et consolidés par les partages des fiefs,
étaient contraires à l'égalité civile ; les suites que
le partage de la Monarchie entre les enfans du
Monarque entraînait à chaque règne, sous les deux
premières races ; ces suites avaient été si fatales
dans l'ordre politique, qu'on adopta le parti de
démembrer une portion de terres en faveur des
puinés : c'est ainsi que les *appanages* s'établirent.
Ce moyen était moins dangereux pour l'État, mais
il l'était encore beaucoup pour le Gouvernement.
Heureusement la loi politique voulut bientôt que
ces concessions fussent réversibles à la couronne à
défaut d'héritiers *directs* : cette loi n'avait point
prévu un inconvénient grave, celui de faire passer,
par le mariage des femmes, une partie du domaine
de la couronne entre les mains d'une Maison étrangère à la France. La loi des appanages détermina
donc, que la réversion à la couronne aurait lieu à
défaut d'héritiers *mâles* ; ainsi, la Monarchie et

le domaine, l'État et le Gouvernement cessèrent d'être exposés à des partages ou à des aliénations qui entraînaient beaucoup de guerres.

Le domaine de la couronne avait été déclaré inaliénable ; mais le domaine particulier à la personne du Monarque était aliénable. L'ordonnance de Moulins fit cesser ces distinctions dangereuses, mit fin à toutes les prétentions des grands vassaux, sauva les Rois de leurs propres faiblesses, et assura l'intégrité du *Royaume* et la prépondérance territoriale du *Roi*.

Croirait-on que Louis XI a préparé et que Charles IX a promulgué l'ordonnance de 1566 ? Il fallait que les États-Généraux eussent réclamé avec bien de l'énergie contre la dissipation des courtisans.

La Monarchie française doit à l'ordonnance de Moulins l'avantage de n'avoir pas été démembrée dans le seizième et dans le dix-septième siècles, par l'effet des machinations de la Maison de Lorraine, de la Maison de Condé et de la Maison d'Orléans ; la Dynastie des Capets doit aux guerres de religion et aux guerres de la France avec l'Angleterre, l'honneur de s'être maintenue jusqu'à nos jours sur le trône de France : on attribue faussement ces résultats à l'établissement des Parlemens.

Les Parlemens défendaient les droits du Monarque et de la Monarchie ; mais c'était lorsque les prérogatives particulières des cours de judicature ne devaient en souffrir aucune altération. Ces cours ont opposé souvent une résistance glorieuse et utile contre l'ambition des puissances ennemies de la France, et même contre le despotisme des Rois ; mais elles fondèrent ce despotisme. Les Parlemens étaient l'ouvrage des Rois ; ils formaient les cours de justice des Monarques ; mais ils n'avaient reçu aucune émanation de puissance de la part de ces grandes assemblées de la Nation, dans lesquelles résidait la souveraineté : ils furent d'abord temporaires et ambulans ; ils devinrent ensuite continuels et sédentaires. Après avoir long-tems dépendu de la volonté du Monarque pour l'époque de ses assemblées comme pour le nombre de membres dont ces assemblées devaient être composées, « le » Parlement commença à se tenir *de lui-même*, » sans discontinuation, sous le règne de Char- » les VI. » On voit que c'est sous le plus faible de tous les Rois, que les cours de judicature ont, *politiquement*, usurpé le droit de permanence.

Tous les grands corps tendent à usurper ; l'usurpation est leur centre de gravité. Après une foule d'exils dont la mémoire ne se perd jamais au Palais, les Parlemens trouvèrent la gloire dans la vengeance, et énoncèrent, enfin, après la mort de

Louis XV, cette vérité historique et politique :
« Hugues Capet, le chef de la race régnante,
» fut élu au mépris des droits *antérieurs* d'une
» autre famille ; la conquête d'une couronne n'est
» pas un droit, *c'est l'assentiment du peuple qui la*
» *donne.* » Quinze ans plus tard, les Parlemens
dirent : « Ce n'est qu'à la Nation, *représentée par*
» *les États-Généraux,* qu'il appartient de créer
» des impôts et de faire des lois. »

Il n'est pas hors de propos d'observer que le frère du dernier Roi de France, alors *Monsieur,* et aujourd'hui prétendant à la couronne de France, se rangea de l'avis des Parlemens, et fut compté au nombre des Princes qui *protestèrent* contre les actes de l'autorité royale jusqu'à l'époque de la convocation des États-Généraux.

Les opinions émises par les Cours de judicature ou Parlemens de France, furent souvent conformes aux droits de la Nation; mais leur conduite fut souvent contraire à ses libertés. Lorsque le Monarque exilait ses Cours de judicature, *la Nation,* qui demandait leur rappel, *était souveraine;* lorsque la Nation a détruit les Parlemens, *le Roi,* qui cherchait à opposer les Cours de judicature à la Nation, *était souverain;* et c'est à peu près avec cette justesse, que le clergé et la classe nobiliaire ont raisonné aux diverses époques d'usurpation de droits et à l'époque de leur destruction.

Je suis loin de chercher à réveiller les fautes de ce qu'on appelait assez improprement les premières classes de l'État ; il ne faut jamais oublier, cependant, que la France leur est redevable de la révolution qu'elle a subie. D'un autre côté, le corps des Parlemens, qui a si puissamment secondé la révolution, a produit les Séguier, les Molé, les d'Aguesseau, hommes illustres, bons français et qui honoreront la Nation française aussi long-tems que les vertus et les lumières seront en recommandation parmi les hommes.

BRANCHE

DITE

DES VALOIS.

La famille proprement dite des Capets avait accordé des priviléges aux communes et aux villes : elle avait miné sourdement l'anarchie féodale ; alors l'ambition des monarques était d'accord avec l'intérêt des peuples : les peuples furent soulagés. La branche dite des Valois fit éprouver aux peuples tous les fléaux que les hommes peuvent essuyer.

On peut voir l'histoire de la maison de Valois dans l'histoire des Parlemens. Les meurtres, l'assassinat et l'expoliation de l'ordre des Templiers, l'altération des monnaies, le massacre des Juifs, le prodigieux agrandissement des gens de main-morte ; des monarques et des princes exécrables, des pères atroces et des enfans non moins dénaturés ; trois batailles aussi désastreuses que la bataille de Cannes ; des Rois captifs, la rébellion placée dans la famille de ces Rois dont la prodigalité et les vices augmentaient à mesure que l'Anglais dépouillait ces Rois de leurs provinces ; des attentats affreux, des séditions continuelles ; toutes les sortes de brigandages, de vexations et d'excès commis par les seigneurs et par les nobles ; les assassinats et les empoisonnemens devenus les armes des Princes de la Maison de France ; des dilapidations inconcevables, une succession héréditaire de maîtresses et de galanterie, la vénalité des offices de judicature, des bénéfices du clergé, des dignités militaires ; des Reines infâmes, l'étranger assis sur le trône de France ; trois siècles de guerres intestines, la Jacquerie, un assassinat royal suivi de vingt années de massacres ; des Maillotins, des Guises, une Saint-Barthélemy, enfin !..... Telle serait toute l'histoire des Capets, dans la branche des Valois, si Charles V, dont la gloire militaire appartient même à Duguesclin, si Louis XII, et quelquefois François Ier. (qui partagea avec Léon X l'honneur d'encourager la renaissance des lettres,

mais qui prépara toutes les guerres civiles et religieuses de ses successeurs), ne demandaient pas
grâce à la Nation française pour la dynastie des
Capets !

Et, tels seraient encore les fléaux que nous au-
rions à craindre, si les portes de la France étaient
jamais ouvertes à cette famille de Bourbon qui réclame l'héritage des Valois !.....

La conduite du Prétendant et des membres de
sa famille, ne permet plus aucun doute à ce sujet.

Il paraît certain que la Nation française aurait
répudié, à la mort de Henri III, la dynastie des
Capets , si Henri IV n'avait pas présenté, dans
une nouvelle branche et avec une éducation nouvelle, des vertus, une bonté et une valeur propres
à captiver le cœur des Français. Certes, jamais une
race ne mérita plus fortement la peine d'extinc-
tion que la race des Capets-Valois : elle enfanta,
dans un seul Monarque, trois règnes affreux : les
trois fils de Henri II !

Mais l'esprit humain suit une marche et a une
tendance vers la liberté, que rien ne peut détruire ; c'est ainsi que les biens naissent presque
toujours des maux.

Les Croisades avaient détruit beaucoup de
Grands Seigneurs, elles avaient consommé tout
l'argent de la France ; mais elles valurent à l'Eu-

rope la connaissance des beaux-arts et des sciences, le goût du commerce et de la navigation. Elles procurèrent à la France l'affaiblissement du pouvoir de la *noblesse* et les premières notions de l'industrie manufacturière. On vit la jurisprudence renaître au sein de la barbarie, par la découverte du code romain, et donner à l'Europe l'espoir d'un siècle heureux. Les *nobles*, soumis par orgueil à un luxe barbare, furent contrains de vendre leurs propriétés; ils vendirent bientôt leurs services; et, comme il fallait toujours satisfaire des vices qui semblaient renaître d'eux-mêmes, les nobles finirent par vendre leurs ancêtres, c'est-à-dire, leur nom. Dès ce moment, la classe du peuple fut affranchie et devint un ordre dans l'État sous le nom de *Tiers - État*. Des députés aux États-Généraux de 1789, ont publié, à cette époque mémorable, des ouvrages dans lesquels les droits du Tiers-État sont développés d'une manière aussi savante que patriotique.

Les Rois se servirent du peuple pour combattre le clergé et la noblesse, ou, ce qui revient au même, pour agrandir les prérogatives de la couronne au mépris des droits de la Nation. L'établissement des troupes réglées et soldées, l'invention de la poudre et celle de l'imprimerie, la découverte de la boussole et du Nouveau-Monde, établirent bientôt des rapports, des idées et des principes entiérement opposés à ceux qui retenaient les peuples, depuis dix siècles, sous le joug de l'esclavage, des préjugés et de la superstition. Un homme, en découvrant par la seule force de son génie un second Univers, prépara dès - lors la plus grande des révolutions dans le monde savant et dans le monde politique. Toutes les sciences se développèrent, et des découvertes sublimes vinrent apporter aux hommes des lumières inconnues jusqu'alors. On osa penser. La philosophie s'échappa des antres de l'école, et les sciencés exactes étendirent leur influence sur toutes les opérations de l'esprit et sur toutes les matières de la législation. Le pouvoir sacerdotal et le despotisme féodal perdirent une grande partie de leurs priviléges, et il fut aisé de prévoir que toutes les institutions politiques et religieuses seraient un jour rappelées aux principes qu'exigent la conservation des États et le repos des peuples.

Les beaux - arts ne sont pas aussi indifférens aux constitutions politiques et d'un État qu'on a long-tems affecté de le croire ; ils sont d'un grand secours dans le corps social, ils en forment la liaison et l'ornement. Malgré toutes les déclamations du misanthrope de Genève, l'on doit avouer que les arts et les sciences ont puissamment contribué à améliorer le sort de l'espèce humaine. Les sciences ont sans doute leurs inconvéniens et leurs dangers. Mais un Gouvernement éclairé, sage et vigoureux sait diriger les sciences vers le bien de la société, et préservera toujours l'État des périls auxquels doit l'exposer cette métaphysique politique, qui n'est autre chose que l'abus de la science et de l'esprit.

Les mathématiques, la chimie et la physique tendent à conserver la vie et à perfectionner les arts ; appliquées aux mouvemens des astres et à tous les rapports qui constituent la matière, ces sciences ont créée la navigation et agrandi la sphère de l'esprit humain ; elles ont arraché à la nature une partie de ses secrets, elles ont ôté au despotisme et à la superstition les plus dangereuses de leurs armes. L'on peut dire, avec vérité, que l'esprit de la législation et celui de la liberté se sont développés et éclairés à mesure que les sciences exactes ont étendu leurs progrès. L'ignorance enfantera toujours les miracles et les tyrans.

Je me permets ces observations, parce qu'elles sont justes ; parce qu'il ne faut pas priver la branche des Valois de la gloire littéraire qui lui appartient, et parce que si les académies ont pu causer quelques maux, la Nation française est redevable de précieux avantages aux hommes véritablement a vans qu'elle a produits.

BRANCHE

DITE

DES BOURBONS.

La branche de Bourbon, obscure et presque inconnue, il y a deux siecles, monta sur le Trône de France avec Henri IV. Ce Prince fut un grand Roi et un bon Roi; mais il se vit dans la triste nécessité d'appeler à son secours des forces étrangères : il fut contraint de conquérir d'abord son royaume, et ensuite de l'acheter. Si l'on veut se faire une idée de l'insolence des grands de l'État et de la cupidité des nobles possesseurs de fiefs, on n'a qu'à se rappeler que le peuple français payait cent cinquante millions de subsides, et que le Monarque n'en recevait que trente. Les Grands Seigneurs avaient vendu, un à un, leur fidélité et leurs services à Henri IV; ils avaient usurpé les revenus royaux; les Officiers de guerre, de finance et de justice levaient des droits sur le peuple français, et étaient parvenus à faire aliéner pour plus de cent millions de domaines, sans autre titre que leur avidité armée et l'embarras extrême du Monarque. La Providence voulut qu'Henri IV eût Sully pour ami et pour ministre, et la France fut sauvée.

La Nation française doit à Sully le canal de Briare et le projet du canal de Languedoc, la première institution militaire des Invalides et le projet d'une École militaire. Louis XIV fit exécuter ces monumens de la véritable grandeur d'une Nation, mais Louis XIV ne les conçut pas.

Après la mort du meilleur Roi qu'ait eu la France, le peuple fut dévoré par les Grands Seigneurs et par les courtisans qui profitèrent, sans pudeur, de tous les embarras d'une régence parricide. Le cardinal de Richelieu, au milieu de tous ces désordres, força Louis XIII à être Roi : ce faible Monarque vécut au milieu des troubles, des intrigues, des noirceurs politiques, des rebellions des Grands Seigneurs et des Princes : mais son ministre fit du moins respecter le nom Français et l'autorité royale. La Nation devenue une seconde fois la proie des régences se vit forcée de desirer l'autorité despotique des Rois ; le despotisme d'un seul était un asyle contre la tyrannie de plusieurs. La royauté envahit tout sous Louis XIV ; les oppresseurs et les opprimés furent plongés dans les mêmes fers ; affranchis de la servitude féodale, les Français se crurent néanmoins libres, parce qu'ils n'eurent plus qu'un seul maître. Cetet idée se confondit avec celle de la royauté ; les ministres la propagèrent, et le pouvoir absolu des Rois devint un axiôme du droit public , en France.

Le chancelier Duprat avait dit : *Nulle terre sans Seigneur ;* il aurait mérité de créer la féodalité. Le cardinal de Richelieu dit ensuite : *Nulle autre volonté que la volonté du Roi ;* il était fait pour châtier de Grands Seigneurs rébelles.

La Nation française n'avait conservé , de tous ses droits , de sa constitution primitive , ou plutôt de tous les pactes qu'elle avait contractés avec ses Souverains , que la succession monarchique et héréditaire de l'autorité royale , et l'heureuse exclusion des femmes de toute participation à la couronne. *Si veut le Roi , si veut la loi ;* telle était la chartre des libertés de la Nation française ; quelques formes d'administration et des États dérisoires dans quatre ou cinq provinces , tels étaient les priviléges de la Nation.

Le règne de Louis XIV , ce règne dont le commencement fut ridicule , et dont la fin se trouva déplorable , fut le règne le plus long et le plus brillant de la Monarchie ; il est aussi celui du pouvoir arbitraire. Le Gouvernement politique se montra toujours despotique , le système religieux se montra toujours intolérant ; mais ces despotismes furent parés de toutes les grâces de la littérature , des sciences et des arts. Le règne de Louis XIV est remarquable par une politesse et par une magnificence qu'aucun Roi n'a pu faire oublier. Malheureusement tous les Rois de l'Europe apprirent de ce Monarque la science du despotisme ; ils voulurent déployer une représentation au dessus de leurs ressources et entretenir des armées au dessus de leurs forces. Cette erreur de la puissance détermina, pour le malheur de l'Europe, l'influence du système commercial et maritime, et la Grande-Bretagne commença dès-lors à acheter les guerres, les traités et les Rois.

La veuve d'un homme dont l'obscénité et la douleur avaient été le patrimoine, devint l'épouse de Louis XIV ; sa funeste piété déchira la France, et signa, dans un seul édit, la mort civile de huit cent mille Français. Cet édit, aussi irreligieux qu'impolitique, causa pendant trente ans la honte et les malheurs de Louis XIV, et enrichit toutes les Puissances ennemies de la France.

Si le siècle de Louis XIV n'avait pas été celui des arts, des belles-lettres et des sciences, la postérité jugerait ce Monarque avec une sévérité que la philosophie et la religion même seraient forcées d'approuver.

Lorsque Louis XIV abaissait devant Samuël-Bernard la majesté de son rang, lorsque le plus orgueilleux des Rois descendait à l'adulation envers un favori de la fortune, il jetait les fonde-

mens

mens de cette opinion publique qui devait élever les richesses au dessus de l'honneur, et détruire sa race par la corruption. La régence du duc d'Orléans était déjà dans le sein de la Monarchie.

Des confiscations épouvantables furent opérées par le fisc ; plusieurs familles ducales s'enrichirent de ces dépouilles sanglantes ; le livre des proscriptions françaises fut ouvert. Un siècle entier n'a pas suffi à la royauté pour abroger des lois aussi iniques, et pour rendre aux familles les plus industrieuses de l'État leur patrie et l'héritage de leurs pères. Une opinion dont on ne doit compte qu'à Dieu seul, leur avait cependant fait perdre ces biens contre toutes les règles de la justice humaine, et l'on peut même dire contre tous les arrêts de la justice divine.

Ce n'est point la philosophie qui élève sa voix, c'est la religion qui condamne un tel abus de l'autorité souveraine ; car la religion persuade et n'égorge point. La religion a pour armes, dans la bouche de son Fondateur, l'humanité, la bienfaisance, toutes les vertus qui conservent l'espèce humaine ; la religion est essentiellement l'amie des hommes ; elle ne les persécute que sous de méchans Princes.

Louis XIV fut grand ; il posséda, par-dessus toutes choses, la science du commandement, science qu'il s'était donnée lui-même ; mais il accabla ses peuples sous le poids de son nom , de sa gloire , de ses fautes , de sa magnificence. Ce règne , si magnifique pour la France , fut malheureux pour les Français. Il agrandit la Monarchie de deux provinces et de quelques villes conquises aux dépens de tous les trésors de l'État et aux dépens de la liberté publique ; il conduisit la Monarchie sur le bord de l'abîme ; il la vit sur le point d'être démembrée par toutes les Puissances de l'Europe. Louis XIV fit de grandes choses , et prépara de grands maux.

La régence du Duc d'Orléans les fit éclore. Ce Prince avilit la Nation , détruisit toutes les idées libérales , et créa l'agiotage , sorte de fléau réservé au dix-huitième siècle. Un étranger , doué d'un génie vaste et ardent , présenta un système qui devait réparer la fortune de l'État ; mais la cupidité , l'envie et l'ambition des courtisans rendirent funestes les vues les plus salutaires. Toutes les fortunes et toutes les têtes furent bouleversées ; l'oisiveté et l'avarice apprirent un grand secret , celui de ne semer rien et de recueillir beaucoup. L'égoïsme , jusqu'alors concentré dans les cours , se répandit dans toutes les classes de la société. Le Régent abandonna les rênes de l'État à des prostituées ; les courtisans donnèrent gaîment des noms

infâmes à des vices infâmes ; le Maître de la Monarchie en vint au point de corrompre ses propres
graces. Famille funeste , dans laquelle les forfaits
se perpétuent ! Est-ce le nom qui mène au crime ?
est-ce le crime qui suit le nom dans cette famille
d'Orléans ?..... Au milieu de nos troubles , nous
avons vu le premier Prince du sang prodiguer son
or , abandonner son nom aux factieux et aux intri-
gans , répandre , dans tous les ordres de citoyens ,
l'influence empoisonnée de ses mœurs , commander
par sa présence la révolte et les meurtres , se déguiser
en Ambassadeur pour échapper aux lois et désho-
norer enfin l'échafaud sur lequel il expia les crimes
de sa race. Ce Prince avait cru que conspirer , ce
n'était que trahir.

Je m'exprimais ainsi il y a douze années : pourquoi suis-je forcé aujourd'hui de rappeler de tristes
vérités ?..... En parlant de nos malheurs , il faut
bien se résoudre à parler de leurs causes , c'est-à-dire ,
des Princes de la Maison de Bourbon.

Louis XV monta sur le trône et fournit un demi-
siècle de vénalités , de fautes et de vices ; il mit dans
sa dépravation une témérité jusqu'alors sans exemple : son règne fut une orgie de cinquante ans. L'a-
vilissement et la corruption ne connurent plus de
bornes , l'État fut vendu et dissipé , le nom Français
fut dégradé chez toutes les nations.

(52)

Dans des circonstances aussi déplorables, un jeune Prince, livré à de funestes alliances et à des Ministres ineptes, fut condamné à exercer la royauté. Plusieurs de ces Ministres compromirent, par de fausses démarches, la majesté du trône et les intérêts de la Nation. Le Monarque tenta plusieurs opérations populaires et bienfaisantes ; mais il écarta les plus sages observations, favorisa, sans nul discernement, toutes les opinions nouvelles, et mit toujours sa puissance en opposition avec ses bienfaits. L'amour du bien lui fut funeste : il n'osa pas faire le bien et il laissa faire le mal : il suivit une politique ennemie de toutes les règles et contraire au système monarchique. Il accrut la dette nationale par des emprunts multipliés, remèdes si dangereux, qu'ils augmentent presque toujours le mal et le guérissent rarement. Il attira et distingua les agioteurs, espèce d'hommes que l'on peut comparer à ces bêtes carnassières qui n'abandonnent une proie que lorsqu'elles ont tout dévoré. Alors reparut cet empyrique qui devait orgueilleusement renverser tous les édifices et engloutir l'autorité royale sous leurs débris. C'est envain que l'on chercherait à excuser le cœur de cet homme aux dépens de son esprit ; personne ne croirait à l'innocence d'un Ministre de France qui s'est constamment attiré les éloges du ministère anglais, et dont tous les admirateurs ont été forcés de devenir les ennemis. Sans anticiper sur le supplice que l'histoire prépare aux grands coupables, je dirai que M. Necker et M. le duc d'Orléans furent couronnés du même laurier et subirent le même triomphe.

La cour de France offrit, pendant le dernier règne un spectacle extraordinaire : un Roi naturellement économe dans ses dépenses, et sévère dans ses mœurs : un règne pendant lequel la débauche des mœurs et la déprédation des finances furent excessives. Un traité de commerce vint porter le dernier coup aux manufactures, à l'industrie et à la fortune de la Nation; les effets en sont encore sensibles : ce traité, vendu à l'Angleterre, méconnut toutes les restrictions sages que les traités de commerce de 1664 et de 1713 avaient su ménager à la France. On annonça la réforme des abus, et tous les abus introduits depuis si long-tems dans la Monarchie, furent consolidés et étendus. La violation des formes est plus odieuse que celle des lois, et cependant les lettres de cachet furent multipliées. Le joug féodal était détruit, et les priviléges féodaux étaient maintenus. La Noblesse dispensée, au moment de son institution, d'acquitter les charges publiques de l'État, sous la condition expresse de défendre l'État par ses armes, la *Noblesse* se fit payer par la patrie pour défendre la patrie, et refusa de subvenir à ses besoins. Le Clergé possédait, au nom du Dieu de charité, la meilleure partie des fruits de la terre, et c'est à la dissipation qu'il rendait ces fruits. A mesure que la philosophie et les sciences étendaient leurs progrès, l'épidémie généalogique, incurable maladie du faux orgueil, s'aggravait dans l'ordre de la Noblesse. Elle avait été un *droit*, une puissance et un fléau; elle était enfin devenue une marchandise sans avoir jamais cessé d'être le plus grand des abus; les Parlemens voulaient tout envahir et ne défendaient plus rien. Ce fut alors, au milieu des difficultés d'une guerre qui absorbait toutes les ressources de la Nation, lorsque l'industrie et les lumieres réclamaient avec tant de justice un ordre de choses moins onéreux pour le corps entier de la Nation, ce fut alors que l'autorité royale vint donner une vigueur nouvelle au plus intolérable des priviléges exclusifs.

Il fallut faire des preuves de noblesse pour être admis à l'honneur de défendre sa patrie (1); Hen-

____

(1) Je n'entends point parler ici des réglemens autrefois en vigueur pour l'Ordre de Malte. Cet Ordre utile, et bien plus recommandable que l'Ordre du Saint-Esprit et tous les Ordres de chevalerie si gratuitement honorifiques qui sub-

ri IV, Louis XIV lui-même, n'avaient point osé faire cette insulte au peuple français : l'essence de la Monarchie, l'honneur national étaient violés. C'était humilier, outrager, irriter gratuitement les classes les plus précieuses et les plus nombreuses de l'État. Aussi ces réglemens parurent ce qu'ils étaient en effet ; des injustices révoltantes contre cette partie de la Nation où les mœurs, les lumières et les sentimens libéraux s'étaient réfugiés.

La Nation française n'avait plus d'autre ressource que celle de punir, par le mépris, l'autorité royale : l'opinion publique opposa les obstacles les plus formidables aux dilapidations nouvelles et aux abus anciens. Les ministres avaient vendu toutes les branches de la fortune publique ; ils avaient aliéné tous les cœurs et exaspéré tous les esprits : l'autorité royale se trouva donc forcée d'avoir recours à la Nation elle-même, et d'implorer son secours contre une partie de la Nation. C'était demander des armes contre soi-même. La révolu-

---

sistent en Europe, était un corps souverain. Il avait eu le droit de faire les lois qu'il avait jugé convenables pour son régime intérieur. Son institution honora l'humanité, elle fut glorieuse pour la France ; les trois plus grands-hommes que cet Ordre ait produits, d'Aubusson, l'Isle-Adam et Lavalette, étaient français.

tion politique, déjà faite dans les esprits, se fit alors dans les choses.

Il serait indiscret de faire ici la généalogie de la révolution ; il est même inutile de parler des Princes révolutionnaires qui, dans le sein de l'autorité royale, enlevèrent à cette autorité l'influence qu'elle pouvait encore exercer sur les esprits.

Louis XVI avait les qualités les plus dangereuses dans un Roi : ces qualités, recommandables dans un simple particulier, sont presque toujours destructrices de la puissance lorsqu'elles ne sont pas accompagnées de ce caractère qui seul fait régner les chefs des Nations. Malheureusement Louis XVI était dépourvu de ce courage d'esprit, rare même parmi ceux qui ont le courage du cœur, l'on peut dire, sans manquer de respect à son malheur, qu'il fut pendant près de quatre années le spectateur le plus tranquille de sa longue abdication. Sa ruine avait été rendue inévitable par la double conspiration de la haine et de l'amitié ; car les Princes de son sang prirent la fuite pour sauver leurs jours et non pas pour sauver l'État, et Louis XVI, abandonné à ses vertus, resta, seul et sans armes, au milieu des opinions intestines qu'il avait provoquées, et des manœuvres étrangères qu'il ne voulait point repousser. L'Angleterre saisit ces conjonctures avec une per-

fidie cruelle; elle employa l'art et toutes les ressources d'une haine profonde , pour égarer ces
opinions au dedans et pour envenimer ces manœuvres au dehors de la France.

Louis XVI perdit nécessairement la couronne ;
le trône disparut ; il ne resta plus que les faiblesses
du Monarque : la Nation française apprit alors
qu'un Roi faible est le plus grand malheur dont la
Providence puisse frapper un Empire. Lorsqu'un
Roi faible ne veut pas savoir que les hommes se
révoltent encore plus contre l'humiliation que contre l'oppression , il est sûr d'être le témoin et la
victime d'un grand bouleversement.

On fait de grands reproches à l'esprit philoso-
phique. Sans doute l'esprit d'innovation , lorsqu'il
est mal dirigé , renverse les Empires ; mais lorsque
de longues erreurs ont introduit de nombreux abus,
lorsque le mépris de tous les principes dans l'administration intérieure d'un État est devenu la loi
suprême des ministres, lorsque la subsistance d'une
Nation est dévorée par les anticipations et les emprunts, lorsque tous les pouvoirs sont dans une col-
lision perpétuelle et tendent à s'avilir réciproque-
ment , il est nécessaire, il est urgent de corriger,
de réformer, et d'appeler la philosophie, aussi bien
que les lois , au secours de la constitution politique
de l'État. Dans ces circonstances , si le Monarque

se montre juste et n'ést cependant que faible, s'il assemble ses peuples pour leur demander des conseils et de l'argent, s'il invoque à la fois leur générosité et leurs talens, ce Monarque ne doit pas craindre de faire l'aveu des fautes de ses ministres; il doit surtout procéder avec une grande sincérité à cette réforme sage, à cette admission prudente de principes nouveaux, que les lumières et une nouvelle distribution de la propriété réclameront, dans tous les tems, en faveur de la partie la plus nombreuse et la plus utile d'une nation. Si cette nation, écrasée sous le fardeau des anciens abus, est exposée au contraire à des craintes nouvelles; si l'autorité royale passe par-dessus toutes les règles, et porte atteinte aux lois qui font la sûreté publique et la sûreté individuelle, il ne faut plus s'étonner de voir un peuple, long-tems foulé par des ministres déprédateurs, et dont les classes privilégiées ont toujours violé les droits, sortir de son obéissance avec impétuosité et outre-passer les bornes de la justice : c'est l'autorité royale qui ouvre alors elle-même la brèche aux révolutions, et les suites d'une révolution ne peuvent être calculées par un esprit humain.

La Maison royale de France méconnut ces principes, les viola, et finit par les invoquer pour sa propre défense ; mais il n'était plus tems. La révolution , commencée avec justice , continua avec violence. Le Roi , les Parlemens , le Clergé , la Noblesse , les Notables , les États-Généraux , l'Assemblée nationale , se donnèrent tour-à-tour en spectacle , s'aidèrent , se combattirent , s'accusèrent mutuellement , et bientôt la révolution ne fut plus qu'un assemblage de suicides. Le peuple s'en empara ; et comme il est essentiellement dans la nature du peuple de détruire et non pas de réformer , le bouleversement eut lieu dans toutes les parties du corps social. L'éruption fut si violente , que l'on vit des hommes infâmes exercer un grand pouvoir , et les hommes les plus considérables tomber victimes de ce même pouvoir. Les députés les plus sages furent forcés de seconder eux-mêmes , en apparence , les plus téméraires opinions ; ils ne renoncèrent pas à l'espoir de prévenir de plus grands maux : les maux étaient extrêmes ; ils s'étendirent sur toutes les classes de citoyens ; ils pénétrèrent jusque dans les derniers asyles de la morale et de la religion. Le peuple détruisit tout : il eut une multitude de chefs ; mais les chefs les plus puissans furent contraints d'obéir à la fureur aveugle du peuple : on prenait ces chefs pour des maîtres. Lorsqu'on apperçoit un chêne flotter sur un torrent , on croit que ce chêne marche ; il est entraîné.

Ce fut à qui proposerait les innovations les plus extravagantes : chacun préféra une funeste célébrité au desir d'être utile : on voulut éteindre les souvenirs, c'est-à-dire, la seule chose contre laquelle les lois et la réligion réunies soient impuissantes. On mit la prérogative royale sans cesse aux prises avec la liberté nationale. Le conseil du Roi était de mauvaise foi, la Nation était irritée, ses représentans avaient à peine la liberté de se mouvoir entre des écueils ; le peuple monta de toutes parts sur le trône. Tout était confondu, tout était perdu : la dissolution du corps social allait s'opérer, on établit la République.

La République triompha des puissances ennemies de la France, mais elle ne put vaincre les principes et les factions qui avaient entouré son berceau et qui ensanglantaient son sein. Plusieurs formes de gouvernement furent successivement adoptées et rejetées ; l'État et la Nation se trouvaient toujours sur le penchant de leur ruine : il fallait revenir au grand principe de la conservation, à l'unité du pouvoir.

La famille des Bourbons avait ruiné, avili, déchiré la Nation française : cette famille avait provoqué contre le peuple français la guerre générale des Nations et des Rois ; elle ensanglantait sa patrie, elle vendait son territoire, elle méditait les vengeances, elle voulait la tyrannie : le Peuple français déposséda la famille des Bourbons de tous les droits dont il avait confié l'exercice à cette famille, et bannit irrévocablement ses Princes.

Un homme qui avait parcouru toute la carrière de la victoire sans avoir fait un pas qui pût être désavoué par la philosophie, un militaire toujours fidèle à l'honneur et à la patrie, et auquel la victoire et le génie furent toujours fidèles, un général qui commandait une armée dont chaque ordre du jour annonçait un triomphe, et dont chaque soldat était un héros, Bonaparte avait sauvé le territoire de l'Empire, et pouvait seul gouverner la République : la Nation française lui déféra, d'une voix unanime, le titre de Premier Consul.

Lorsque les rênes du gouvernement furent déposées dans des mains toujours victorieuses, les Bourbons auraient dû renoncer à l'espoir de recouvrer en France l'autorité royale.

Quel est donc le malheur des tems où nous avons vécu, puisqu'il impose au citoyen le plus obscur, l'obligation de rappeler la nullité et les vices des Princes de la Maison de Bourbon ; vices tellement inhérens au caractère de ces Princes, que la Nation française n'aurait pu les rappeler dans son sein, sans y rappeler en même tems tous les fléaux dont un seul homme a pu trouver le moyen de nous

délivrer depuis cinq ans. Ces Princes sont malheureux, et il faut retracer leurs fautes ; ces Princes
sont bannis, et il faut parler de leurs crimes !.....
Mais l'amour de la patrie et les intérêts du corps
social ne connaissent point les *individus* : ces intérêts ne doivent considérer que *l'État.*

Quelles sont les qualités que présentent ceux de
ces Princes qui ont survécu à leurs malheurs ou à
leurs fautes ?

Si nous jetons les yeux sur cet homme qui se
dit roi de France, nous appercevons un Prince
enseveli sous le poids de sa race, qui a dépouillé le
malheur de toute sa dignité, et qui a absous la
fortune de tous ses caprices : homme dont l'âme
est sans noblesse, le cœur sans courage, l'esprit
sans énergie, et dont les vertus seraient terribles
pour la Nation française. Le frère de ce Prince a
ajouté quinze années d'habitudes à cette dissipation
et à ces vices qui avaient étonné et scandalisé la
cour et le siècle les plus corrompus. Les deux fils
de ce dernier ne savent pas que la profession des
armes fonde et soutient les États ; ils ignorent qu'il
ne suffit point d'avoir eu des Rois pour ancêtres,
si l'on veut mériter d'avoir des Français pour sujets.
La Maison de Condé offre des siècles entiers de
révolte et de ligues. Depuis François Ier. elle ne
présente pas une seule génération dans les camps,

à la cour, dans le ministère, où ses biens n'aient été confisqués, où ses Princes ne se soient montrés ou déclarés les ennemis de l'État : cette Maison a appelé l'étranger dans le sein de la Monarchie ; et, comme les Guises, les Princes de la Maison de Condé ont presque toujours combattu contre des Français : ils ont fait ce que des Guises n'auraient pas osé faire. Le grand Condé a commis un acte qu'il est à propos de rappeler au Peuple anglais et à la Nation française.

Le grand Condé écrivit à Cromwel, au mois de janvier 1654, la lettre dont le brouillon original fut trouvé dans les papiers manuscrits de Lénet (1). Le Prince y reconnaît le droit que les Anglais ont eu de se donner un chef, et quel chef !..... Il n'est

____

(1) « Monsieur, je me réjouis infiniment de la justice qui
» est rendue *au mérite et à la vertu de votre Altesse : c'est*
» *en cela seul que l'Angleterre pouvait trouver son salut et*
» *son repos* ; et je tiens les peuples des trois royaumes dans
» le comble de leur bonheur, de voir maintenant leurs biens
» et leurs vies confiés à la conduite *d'un si grand-homme.*
» Pour moi, je supplie votre Altesse de croire que je me
» tiendrais fort heureux si je pouvais la servir en quelque
» occasion, et lui faire connaître que personne ne sera ja-
» mais au point que je suis, Monsieur, de votre Altesse
» très-affectionne serviteur. »

Esprit de la Fronde, tome V, liv. 14*, page* 758.

pas une personne raisonnable qui puisse songer à établir la plus légère comparaison entre le caractere et les qualités héroïques, la conduite et les nobles succès du légitime Empereur des Français, et la féroce usurpation d'un hypocrite brasseur de bière, doué, je l'avoue, d'un génie fort et d'un cœur ferme, mais couvert de tant de crimes, que son Protectorat sera l'éternel opprobre du nom anglais. Le grand Condé avait placé, dans ce tems-là, les affaires de France dans un état bien déplorable, puisqu'il s'était mis lui-même dans la nécessité d'écrire la lettre qu'on vient de lire ; mais il n'en est pas moins vrai que ce Prince prononça lui-même le jugement de ses descendans.

La Maison d'Orléans n'a pas été moins funeste à l'État, que la Maison de Condé ; elle a troublé, avili, ensanglanté toutes les minorités ; elle a excité des guerres civiles, elle a conclu des traités ignominieux avec les ennemis de la France, elle a perverti la morale publique, elle a attenté à l'honneur même.

Telle est cependant cette confédération d'exilés, qu'un ministère ennemi de la France, que des Souverains étrangers à leur propre dignité veulent opposer malgré toutes les lois, malgré les droits de leurs couronnes, après cent défaites, à une Dynastie solennellement élue et consacrée

par

par les suffrages de la Nation française ! Cette Nation a été fidelle au sang de ses Rois aussi long-tems qu'elle a pu supporter leurs fautes; l'opinion publique n'a fait entendre son jugement qu'à la dernière extrémité. Mais ces Princes insensibles à tant de générosité, à tant d'amour, n'ont pas cessé de provoquer les malheurs et les guerres intestines. Au lieu de préserver la Nation de ses propres erreurs, ils lui ont cherché partout de nouveaux ennemis. Lorsque les Français combattaient pour défendre leur territoire, les princes ont combattu contre les Français; la tendresse aveugle des peuples rappelait ces Princes dans le sein de l'Empire, et les Princes ont médité hors de l'Empire des vengeances sanglantes. Les provinces formaient des vœux en leur faveur, et ils ont signé le démembrement des provinces. Dans cette lutte à jamais mémorable d'un seul peuple contre toute l'Europe, les Princes *français* n'ont fui, n'ont paru, n'ont conspiré, n'ont négocié, n'ont armé que pour asservir et déchirer leur patrie. Ils ont pris des armes, ils ont imploré des secours, ils ont acheté des poignards chez cet irréconciliable ennemi de la France, ce ministère anglais qui vend les hommes et achète les crimes. C'est par l'exil ou la mort de tout ce qui s'est conservé digne du nom de vrai Français, que le Préten-

E

dant et sa race travaillent à rentrer dans leur ancienne patrie ; c'est au nom de Henri IV, que le Prétendant et sa race veulent rétablir en France cette Dynastie qu'on pourrait appeler à bon droit, *la Dynastie des vengeances* ; c'est une nouvelle guerre, ce sont de nouveaux complots que ces Princes fomentent contre l'Empire français dans ces contrées sauvages où l'on voit un jeune souverain qui cesserait de l'être, si la France lui retirait long-tems sa protection et son appui !.....

Leçon terrible, mais peut-être nécessaire ! Les Princes de la Maison de Bourbon ont encouru en France, la peine des rebelles et des traîtres ; ils ont mérité leur déchéance et leur bannissement ; ils sont légitimement exhérédés et proscrits. Les droits des nations, le droit des gens, les lois humaines, la loi divine, les tribunaux et la religion approuvent, sanctionnent, consacrent ce jugement et légitiment l'élection d'une Dynastie nouvelle.

Les Souverains qui paraissent méconnaître encore les droits de la Nation française et la loi politique qui a changé en France l'ordre de succession dans l'autorité royale, ne règnent eux-mêmes qu'en vertu d'une semblable loi politique.

Les Maisons souveraines qui occupent le trône

en Russie, en Angleterre, en Suède, ont été éle-
vées en vertu de cette élection et de ce suffrage,
que les publicistes de ces Empires se sont accordés
à consacrer comme droit légitime, positif, fondamental.

Dans le quatorzième siècle, Daniel Alexan-
drowitz fut *élu* duc de Russie ; depuis cette époque,
jusqu'au dix-septième siècle, la dignité de Czar fut
héréditaire en Moscovie, mais passa successivement dans trois familles différentes : Pierre Ier,
s'arrogea *lui-même* le titre d'Empereur. L'Angleterre, qui a changé quatre fois de système religieux, depuis le règne d'Elizabeth, et dont la
couronne a passé dans plusieurs Maisons différentes, depuis la conquête opérée par le duc de Nor-
mandie, a appelé la Maison de Brunswick à l'exercice du pouvoir souverain, dans la personne de
Georges Ier· Électeur d'Hanovre. Georges III est
Roi d'Angleterre en vertu des suffrages et de l'é-
lection de la Nation anglaise. La famille royale
des Stuards a été dépossédée et bannie, et personne
au monde ne s'avise de contester la légitimité du
droit acquis à la Maison d'Hanovre.

La Maison royale de Suède est peut-être, de
toutes les Maisons souveraines, celle qui est le plus
fortement intéressée à *reconnaître* le droit d'élection
et de suffrage ; il est donc remarquable que le Mo-

narque suédois manifeste aujourd'hui , avec une aussi éclatante impuissance , la violation de ce principe dans le même lieu qui consacra les droits et les libertés de sa Nation. L'acte appelé *l'Union de Calmar*, a pour base le droit d'élection. Lorsque le sceptre du Nord passa , au commencement du seizième siecle, de la Maison de Dannemarck dans celle de Suède, Gustave-Vasa, sauveur de sa patrie ; en fut élu Souverain par le Sénat et les différens Ordres de l'État. Les États-Généraux convoqués à Westeras , en 1527 , confirmèrent cette élection ; en 1544 , les États-Généraux déclarèrent, à Westeras , la couronne héréditaire dans la famille de Gustave-Vasa. Les malheurs et les guerres que la Nation suédoise eut à essuyer , lui donnèrent assez d'énergie pour revendiquer le droit d'élection et de suffrage. Après la mort de Charles XII , l'exclusion du trône prononcée contre sa sœur aînée , et l'abdication de sa sœur cadette , la Nation , *qui s'était formellement réservé le droit d'élire à la couronne*, lorsqu'elle y appela Frédéric , mari de la sœur cadette de Charles XII , » jeta les yeux sur » Adolphe - Frédéric , duc de Holstein , de la » branche cadette *qui n'avait nul droit à cette cou-* » *ronne*, qui fut élu et qui succéda à Frédéric , » Landgrave de Hesse , mort en 1751. »

La couronne de Suède est entrée dans la Maison

dé Gustave-Adolphe aujourd'hui régnant, par le droit de suffrage et d'élection : il est bien vrai que son père, mort en 1792, ravit à la Nation suédoise tous les droits en vertu desquels la Nation avait appelé sa famille au trône ; mais c'est le seul avantage que le Roi de Suède puisse avoir sur l'Empereur des Français.

Les ennemis les plus acharnés de la Nation française, ses anciens Princes eux-mêmes ne sauraient lui contester le droit d'appeler une Dynastie nouvelle, puisque c'est en vertu de ce droit que ces Princes furent appelés à l'exercice du pouvoir souverain dans la personne de Hugues Capet ; en même tems on ne peut se dissimuler que les Princes de la Maison de Bourbon ne se soient rendus encore plus indignes du trône de France que les derniers Princes des deux Dynasties, de Charlemagne et de Clovis. L'expulsion de la Dynastie royale des Capets et des branches de Valois et de Bourbon, est donc fondée et légitime.

Les grands-hommes commencent les Dynasties, et les Princes faibles les finissent. Depuis longtems il ne restait plus rien du sang de Henri IV dans les Princes de sa race ; les grandes qualités de ce Monarque étaient totalement anéanties dans ses successeurs : la décrépitude était si entière dans sa famille, qu'aucune des branches de la Maison de France n'était en état de manier le sceptre. Le peuple qui ne finit jamais, qui a fondé partout les souverainetés, qui partout reprend la souveraineté lorsque les chefs auxquels il en a délégué l'exercice héréditaire, ne méritent plus de le conserver, le Peuple français a librement émis, les grands corps de l'État ont librement exprimé, les ministres des cultes ont librement consacré la volonté nationale. Cette volonté a déféré la couronne impériale à Bonaparte, et l'a déclarée héréditaire dans sa famille.

C'est en vertu de ces titres que la famille de Bonaparte a été élevée à l'Empire ; et jamais une race royale n'a eu une origine plus personnelle et plus auguste, plus légale et plus sacrée.

Les bons Français apprécieront les sentimens dont je fais hommage à ma patrie ; ils rendront justice à la pureté de mon dévoûment et à la vérité des observations que j'énonce dans cet Écrit. Les ennemis de l'État, les stipendiaires du ministère britannique, les partisans de la Maison de Bourbon dirigeront leurs calomnies contre cet ouvrage et contre son auteur ; ils espéreront dérober ainsi aux pages que je publie, cette confiance que mérite le témoignage d'un homme d'honneur..... Je me respecte assez pour mépriser tous ces jugemens *étrangers*, et je garderais un profond silence sur moi-même si mon amour pour ma patrie et ma fidélité à mon Empereur ne l'emportaient pas sur toutes les considérations qui peuvent m'être personnelles. Je vais donc rappeler ce que j'ai dit ailleurs, et je répondrai, pour la dernière fois, aux préjugés, à la malveillance, à la mauvaise foi.

QUATRIÈME DYNASTIE

OU

DYNASTIE IMPÉRIALE.

Il est inutile de retracer les maux dont Bonaparte a délivré la France et les Français : ces maux effrayent encore notre mémoire et seront long-tems présens à tous les esprits. N'oublions jamais que, lorsque l'autorité est sans pouvoir et le peuple sans liberté, toutes les calamités se réunissent pour accabler un Empire ; n'oublions pas encore que la liberté publique et le bonheur particulier sont inséparables de l'obéissance aux lois.

L'anarchie morale et les factions politiques qu'une révolution introduit toujours dans le sein d'un Etat laissaient la France exposée à toutes les vicissitudes de la guerre, et à toutes les ambitions des autorités constituées. Le Général Bonaparte, dans ces conjonctures, fut investi du commandement d'une armée ; il répara de grands échecs, fit de belles conquêtes, et força les puissances du continent à poser les armes.

La paix allait être signée en Europe ; mais l'Angleterre voulait perpétuer la guerre sur le continent pour exercer une tyrannie générale sur les mers. Le ministère britannique égara une seconde fois la politique et l'ambition des puissances : des ennemis qui n'avaient pas été vaincus parce qu'ils ne s'étaient pas encore présentés sur le champ de bataille, se joignirent alors à d'anciens ennemis, et formèrent le projet insensé de démembrer la France : l'étranger la regardait comme une proie, le Général Bonaparte n'était plus en Europe ; mais il accourt des rives du Nil, il combat, triomphe, sauve la République française et la Maison d'Autriche, recule les frontières de sa patrie, et fonde, par une victoire prodigieuse, le plus bel Empire de l'Univers.

C'est aux acclamations de tous les peuples, c'est à la voix de la philosophie et de la religion, c'est aux suffrages de la Nation entière que ses représentans investissent Bonaparte du droit de gouverner, pendant sa vie, un État et un peuple qu'il a sauvés avec une rapidité de gloire et une force de génie sans exemple jusqu'alors.

Bonaparte ne préféra point les grandes actions aux belles actions : il mérita le titre de sage comme celui de grand. Il offrit la paix aux ennemis de l'État, à des conditions honorables pour eux ; il réussit enfin, par sa modération et son génie, à conquérir cette trève que l'implacable jalousie du ministère anglais déguisait habilement sous le nom de paix. Tour-à-tour Général et Législateur, et toujours grand dans sa politique et dans ses lois, Bonaparte n'eut plus qu'une pensée, celle de réparer les maux de sa patrie en assurant le repos de l'Europe.

Il fait cesser la persécution contre les ministres du culte ; il relève le sanctuaire et les temples ; il rappelle ces ministres de la religion qu'une foi plus éclairée n'eut pas éloignés peut-être de leurs églises; il éteint toutes les querelles religieuses, et exécute, à la satisfaction de toutes les sectes, une entreprise que les Empereurs d'Orient avaient ridiculement formée, que Charlemagne et Charles-Quint avaient inutilement tentée avec le glaive, et que Louis XIV n'avait pu opérer qu'en violant toutes les lois humaines. Le souverain Pontife de la religion du Christ rentre dans Rome à la voix de Bonaparte ; et lorsque les Rois de l'Europe ont abandonné la **cause** du souverain de Rome, et se partagent peut-être en espérance la dépouille de ses provinces; Bonaparte relève le trône des Papes et leur rend **un** patrimoine.

La religion catholique avait jeté ses premières racines dans le sol de l'Empire français. Des Rois méchans, des ministres perfides, des hommes ambitieux avaient fait servir la religion de prétexte à leurs intérêts particuliers; une fausse piété avait rempli la France de divisions et de guerres, lorsque la religion ne cessait de démentir, par sa morale et ses préceptes, une aussi cruelle interprétation de la volonté de son fondateur : Bonaparte rend à cette religion ses préceptes, son évangile, sa tolérance; il la préserve des dangers de l'opulence et met ses ministres à l'abri des excès de sa propre sainteté; il garantit la France de cette société qui enseigne les sciences aux Chinois : les arts aux Sauvages, l'assassinat à tous les sujets et la tyrannie à tous les Souverains. La paix et le bonheur sont rendus à toutes les consciences, le laboureur et l'artisan retrouvent ces fêtes, dont le bien de l'État, cette première de toutes les règles, marque les intervalles : les saisons et les jours renaissent à la voix des ministres de la religion

chrétienne ; et la Nature plus riante et plus belle
élève vers l'Éternel la gratitude et les vœux de
l'Empire Français.

Dans le même instant, les factions sont com-
primées ; les services rendus à la patrie reçoivent
leur récompense ; les excès commis contre elle
sont pardonnés : une immense réconciliation se
prépare entre toutes les opinions et entre tous les
partis. Bonaparte rend à la patrie ces enfans qui
crurent servir la France en s'exilant eux-mêmes de
son sein : il est attendri par ces longs malheurs ; il
est touché de ces longues humiliations que des
Français ont éprouvées sur une terre étrangère ; le
livre des proscriptions est à jamais fermé.

Je l'atteste ici ; beaucoup de fugitifs crurent
obéir à leur devoir, en embrassant le parti de leurs
Princes ; l'honneur confondit le nom de ces Princes et les intérêts de la France. On a vu parmi ces
fugitifs beaucoup d'hommes énergiques estimables,
faire des vœux en faveur de leur patrie, ne respirer
que pour elle, et se montrer toujours Français sur
une terre ennemie : ils étaient égarés, mais ils
conservaient l'honneur du nom français. Les membres de notre première Assemblée, ces hommes
illustres dont le patriotisme et les talens avaient
si puissamment réclamé en faveur de la Nation une

liberté sagement garantie par le pouvoir monarchique, ces députés dont les erreurs vinrent peut-
être de leurs vertus, ne pouvaient pas être confon-
dus avec les ennemis de la patrie qui conspirent
encore sa ruine et son avilissement ! Bonaparte
rend une patrie, une famille, des amis à tous les
Français dignes de porter ce nom. Pendant son
Consulat, on voit tous les proscrits rappelés par
sa justice, et tous les fugitifs rappelés par son in-
indulgence.

Sans doute il avait été rendu des lois terribles;
mais, chez tous les peuples, s'éloigner de sa patrie, et ne pas obéir à sa voix lorsqu'elle réclame
le secours de ses enfans, dans tous les tems ce fut
se mettre hors des lois de sa patrie : je ne parle
point des proscrits, je parle des fugitifs; que ceux
de ces fugitifs qui ne regardent que comme une
justice rigoureuse, ce qui est cependant un bienfait insigne, se rappellent que dans les Républiques grecques, dans la République romaine, sous
le règne de Louis XIV, les proscrits et les fugitifs
ont vieilli et sont morts dans le bannissement !
Qu'ils lisent le discours que Caton prononça dans
le sénat romain, lorsqu'il y fut question des fugitifs qui demandaient, après vingt ans d'exil,
non pas un patrimoine, mais une patrie ; qu'ils

lisent l'histoire d'Angleterre, l'histoire de France, etc., et qu'ils apprécient ensuite la générosité du Gouvernement français !

Ce Gouvernement, entouré de ruines, ne pouvait cependant faire un pas sans rencontrer de grands obstacles, Bonaparte les a tous surmontés.

Des lois civiles et religieuses, long-tems méditées par des esprits sages, ont reçu toutes les modifications que comportaient les mœurs et les habitudes du peuple français : Bonaparte a écouté tous les intérêts et satisfait tous les vœux, le CODE NAPOLÉON a paru. Il ne faut plus à la jurisprudence, ainsi que le disait un bon esprit, que des chefs vigilans et équitables ; tous les jugemens sont prononcés d'avance par le texte même de la loi. Ce grand bienfait, dont les vices de notre ancienne jurisprudence et la multiplicité des coutumes doivent faire sentir l'inappréciable avantage, assure le bonheur civil de nos descendans ; le code nouveau peut être appelé *la grande Chartre des familles.*

Les Juges-de-paix nous sont conservés ; cette institution, qui doit rappeller avec honneur les talens et le nom de M. Merlin, est sage, paternelle et toujours bienfaisante ; elle manquait à l'ancienne Monarchie. Elle remplace aujourd'hui dans l'état civil ces justices seigneuriales et ces bailliages qui n'existaient même que pour l'homme puissant ; elle termine sans frais, et dans un tribunal, pour ainsi dire domestique, ces querelles de tous les jours qui sont les procès de la classe du peuple, et elle prévient dans tous les ordres de citoyens une partie des malheurs que l'égoïsme et l'intérêt engendreront toujours parmi les hommes.

Les lois rétablies, la religion restaurée, les proscriptions terminées, les factions réduites à l'obéissance, tel est l'ouvrage de quelques mois du Gouvernement de Bonaparte. Au milieu des soins que réclame l'Empire dans les embarras d'une guerre ou d'une trève qui laissait d'affreuses espérances aux ennemis de la patrie, Bonaparte établit, dans l'intérieur de l'Empire, cette administration vigilante et forte qui devient si nécessaire après des dissentions civiles. Accoutumé à vaincre, il est toujours généreux ; le châtiment ne tombe plus que sur les hommes obstinés à repousser l'indulgence. Victorieux et pacifique, juste et clément, ce n'est point sur les débris des cités et sur les ruines de l'Europe qu'il marche à l'immortalité : chaque jour ajoute à sa grandeur, et sa carrière n'est plus qu'un long triomphe. Il semble suivre les lois que sa providence s'est imposées. Aucun de ses momens n'est perdu pour l'humanité, il réunit tous les genres de gloire ; et,

lorsqu'il acceptera le trône, ce sera pour lui im-
primer plus de majesté. Son nom est tellement
lié avec la grandeur, qu'il est devenu une même
chose avec elle, et qu'il est parvenu à créer véritablement la dignité impériale. Au milieu des
occupations les plus grandes, il ne néglige rien
de ce qui est aisé, il ne craint rien de ce qui est
difficile, et son génie est sûr dans le choix de tous
ses moyens. Il rend nos frontières inaccessibles,
il crée une nouvelle génération de défenseurs,
il conçoit la meilleure des Écoles militaires, il
anime tous les arts par une noble émulation, il
réveille l'amour de la gloire dans toutes les classes
de citoyens, il fonde la légion d'honneur.

Il est dans la nature même des choses, que les
hommes qui se rendent utiles à la société soient
distingués de leurs concitoyens ; nulle autorité ne
peut prévenir les distinctions honorifiques : il faut
donc les fixer et les faire tourner à l'avantage de
la société. La distinction de rang et de titre offre
au Prince des ressources que les lois et la religion
ne donnent pas : ces distinctions doivent être con-
sidérées comme les ressorts les plus puissans et les
moins dispendieux que le Prince puisse employer
pour faire naître et pour récompenser les grands
services et les bonnes actions. L'honneur seul peut
satisfaire l'honneur ; aussi les souverains qui pro-

diguent à la naissance ou à l'intrigue une distinction qu'ils refusent au mérite, commettent une grande faute et avilissent leur propre dignité. Il en est d'ailleurs de cette monnaie morale comme de toutes les autres : on cesse d'être riche lorsqu'on ne possède que la fortune de tout le monde.

« Le premier Ordre de chevalerie qu'il y ait eu
» en France, a été celui des chevaliers de Notre-
» Dame de la Noble-Maison, institué en 1351
» par le Roi *Jean*. Cette Noble-Maison était le
» palais de Saint-Ouen ou de Clichy, entre Paris
» et Saint-Denis. » M. de Saint-Foix observe judicieusement que toutes les créations d'Ordres qu'on attribue à Charles Martel ou à Louis IX, ne méritent pas même d'être examinées. Il aurait pu ajouter que l'Ordre de la *Noble-Maison* n'était autre chose qu'une CONFRÉRIE FÉODALE, instituée sous le règne le plus malheureux de la Monarchie, et qu'il mérita le plus profond avilissement, dans lequel il ne tarda pas à tomber.

La superstition et la peur fondèrent l'Ordre dit *de Saint-Michel*, « qui, pour la querelle de Dieu,
» victorieusement batailla le dragon, ancien en-
» nemi de nature humaine, et le trébucha du
» ciel, etc. » Ces paroles sont du Roi Louis XI, fondateur de l'Ordre. Il faut convenir que si l'on trouve tous les Rois de l'Europe dans la liste des
chevaliers

chevaliers de cet Ordre, son institution n'est cependant guère royale et ne dit pas grand'chose à
l'honneur.

Henri III fonda un Ordre qu'il appela *du Saint-
Esprit*, parce qu'il avait été élu Roi de Pologne,
et parce qu'il était monté sur le trône de France
ce jour que la religion catholique nomme *la Pen-
tecôte* : cette fondation prouve qu'Henri III était
ébloui par l'éclat de deux couronnes ; mais elle n'en
est pas plus honorable pour cela. Si l'on adoptait
l'opinion, assez bien fondée, des écrivains de son
siècle, on verrait que l'Ordre du Saint-Esprit dut
peut-être son institution à l'esprit de galanterie,
et même à un sentiment moins élevé. Henri IV
voulut bien décorer cet Ordre : il le porta : cet
Ordre eut depuis un grand lustre. Il n'annonçait
guère cependant qu'une naissance ou une faveur
très-heureuse ; il prouvait surtout qu'on était agréa-
ble au Monarque ou à ses favorites. Les maîtresses
de nos Rois firent accorder cet Ordre à des familles
étonnées elles-mêmes de leur illustration ; et s'il
conserva long-tems son éclat, c'est parce qu'il ne
fut jamais donné sans la fortune.

Il est inutile, je crois, de parler de l'Ordre des
Pélerins de *Saint-Lazare* et de celui de Notre-Dame
de *Mont-Carmel*, quoiqu'Henri IV ait institué le

second, et quoique Louis XIV ait confirmé l'un et l'autre.

Louis XIV fonda l'ordre de *Saint-Louis*, et donna le premier exemple de récompenser le courage par l'honneur ; mais l'orgueilleux Monarque oublia que l'honneur se trouve dans tous les états et dans toutes les religions. Ses successeurs voulurent honorer le vice : l'Ordre de *Saint-Louis* fut abandonné à des gens qui méritaient d'être flétris ; aussi des militaires recommandables par leurs services eurent beau décorer cet Ordre, il fut plongé dans un tel avilissement, que, dans nos derniers tems, ce fut presque une distinction honorable que d'en être privé.

Tout le monde connaît l'esprit de l'institution de l'Ordre de la *Toison d'Or*, de l'Ordre de l'*Éléphant*, etc. etc. ; je ne veux point parler de ces Ordres ni de ceux qui ont été institués par différens Souverains de l'Europe : je dirai cependant que l'Ordre de *Marie-Thérèse* possède une noble institution et retrace de grands services. Je dirai aussi que l'Ordre du *Bain* et celui de la *Jarretière* prouvent que les Rois de la Grande - Bretagne ont su honorer la galanterie ; mais un royaume, dont l'existence est fondée sur les talens et le courage de ses marins, n'a pas songé encore à créer

(85)

un *Ordre* pour sa marine : en Angleterre, l'argent remplace l'honneur.

Supérieur à tous les Rois, Bonaparte veut illustrer tous les services et toutes les actions : la carrière des distinctions est désormais ouverte à tous les citoyens. Les *priviléges* honorifiques sont détruits, et la naissance ne donne plus ou ne suppose plus le mérite. L'on n'est pas réduit à faire des preuves de noblesse pour obtenir la récompense de ses exploits..... Les exploits de nos armées avaient été si étonnans, que la gratitude nationale n'a pu trouver qu'une seule récompense ; mais ces exploits avaient été si nombreux, que le chef de l'État s'est vu forcé de borner la récompense elle-même ; car si tous les braves qui l'ont méritée en jouissaient, aujourd'hui cette distinction aurait cessé d'être une distinction.

C'est dans le Palais des Invalides, en présence de Turenne et de deux siècles de victoires, que Napoléon fonde le premier Ordre honorifique de l'Europe. Familiarisé avec les plus nobles blessures, le chef de la victoire et de l'État immortalise l'héroïsme de nos soldats : toutes leurs blessures sont dans son cœur, tous leurs exploits sont dans sa mémoire. C'est au nom de Duguesclin et de Bayard que le soldat français reçoit l'Ordre de l'Honneur ; c'est au nom de Sully et de Colbert que le citoyen français reçoit l'Ordre de la Patrie : *et l'honneur et la patrie* contractent le même jour cette alliance sublime, qui rend le nom français éternel.

Le hasard et l'orgueil de la naissance ne donnent plus les distinctions : la vertu devient la noblesse, et c'est par ses actions qu'un homme est estimé. La vanité peut consulter les statuts des Ordres établis dans plusieurs Gouvernemens : l'honneur dicte les statuts de l'Ordre de la *Légion d'honneur*. Une pensée de Bonaparte a défini l'honneur, et cette pensée a fourni au Grand-Chancelier de la Légion, à cet homme qui console la Nature de la perte de Buffon, la matière d'un des plus beaux discours qui aient été prononcés dans une grande solennité.

Puisse le Dieu des victoires donner à Bonaparte des jours aussi nombreux que tous les Français le demandent dans leur reconnaissance ! Puisse le Dieu de la paix rendre la famille de Napoléon immortelle comme sa gloire !

Ce n'est point sur de vains titres qu'il veut établir cette gloire : chacune de ses lois répare une infortune ; chacun de ses jours apporte son tribut de bienfaits à la Nation française. La dette publique reçoit une véritable garantie ; le crédit et la banque nationale se fondent sur la force, sur la loyauté et sur l'estime du Gouvernement : des administra-

reurs dignes de la confiance du chef de l'État ré-
pondent aujourd'hui de la fortune de l'État. Les
acquéreurs de biens nationaux possèdent une valeur
réelle dans une propriété inattaquable. L'instruc-
tion publique est dirigée par des principes libéraux, et confiée à des maîtres habiles. Les hospices
reçoivent de nombreuses fondations : Bonaparte
dote, comme Vincent de Paule, ces asyles sacrés
du malheur; il leur donne ces Sœurs que l'héroïsme
de l'humanité dévoue au soulagement des infortu-
nés. Toutes les améliorations marchent d'un pas
égal : des communications sont ouvertes entre
toutes les parties de l'Empire, et tout se prépare
pour rendre à la France son industrie, ses manufactures, son commerce.

Mais ce ministère qui veut envahir le commerce et les manufactures de toutes les Nations, le
ministère anglais ne veut pas que la Nation française soit libre, tranquille, heureuse; il secoue de
nouveau en Europe les torches de la guerre. Le
ministère britannique ne peut pas vaincre la France; il veut ensanglanter ses villes et incendier ses
ports. Il se joue de la religion des sermens; et
c'est au nom de la paix qu'il vient de signer, que
le comptoir royal de la Grande-Bretagne déclare
une seconde fois la guerre au Peuple français.

L'on ne vit jamais un homme aussi grand que

le chef de la Nation française apporter une prudence aussi consommée, et conserver d'aussi nobles ménagemens pour prévenir l'effusion du sang : un plénipotentiaire anglais ose fixer un terme pour qu'il soit répondu à de parjures demandes, et Bonaparte l'écoute encore !..... C'est que le Premier Consul espérait, par cette héroïque modération, conserver la paix à l'Europe. Mais la guerre, *une guerre d'extermination*, peut seule satisfaire l'avidité d'un ministère déloyal, et la trève est rompue !.....

Alors le génie de Bonaparte et son amour pour les Français semblent acquérir une vigueur nouvelle : le chef du gouvernement se dévoue aux fonctions du héros ; il parcourt les camps, jette un regard sur nos côtes, et *la Manche a aussitôt une Marine !* Bonaparte creuse les ports, rend à la mer ses rivages, et veut rendre la mer à tous les peuples. Il ne répare pas ; il crée. Une armée déjà victorieuse se rassemble sur une côte qu'elle rend inaccessible, et d'où elle fait trembler cet ennemi des Nations, qui n'a plus que les flots de la mer pour le défendre, mais que ces flots ne sauraient longtems préserver des efforts réunis du génie et de la valeur. Tout est prêt : Bonaparte doit rendre la paix au Monde : bientôt l'*Océan* aura les escadres qui doivent affranchir l'empire des mers !

Et cependant de si hautes entreprises occasion-

nent à peine quelques mouvemens dans l'intérieur
de l'Empire français : l'administration publique ne
perd rien de sa tranquille régulariré ; Bonaparte
veille à tout et soutient tout. Au milieu de la fa-
tigue des camps et des dangers de la guerre , tous
les établissemens sont perfectionnés , et ce que
vingt règnes de la Monarchie eussent à peine promis à la France et à sa Capitale , quatre années du
Gouvernement de Bonaparte suffisent pour l'exécuter.

Bonaparte parcourt nos frontières ; il visite les
peuples nouveaux que la France a reçus dans son
sein. Ce n'est plus un Monarque qui traverse
son royaume pour aller combattre ses sujets ; ce ne
sont plus ces fils de France qui vont déployer dans
nos provinces un luxe et un orgueil dont les peuples déploreront bientôt la stérile ostentation :
Bonaparte parcourt l'Empire français en héros ;
il le visite en père du peuple , et c'est à la trace
de leurs bienfaits qu'on peut suivre ce guerrier-lé-
gislateur et son auguste compagne.....

Pourquoi suis-je contraint d'interrompre encore,
dans ce récit, le cours de leurs bienfaits ? Funeste
ministère anglais, Prétendant funeste ! Vous vou-
lûtes rendre la France veuve de son génie, vous
méditâtes de noirs attentats, vous vomîtes un corps
d'assassins sur nos côtes. Encore quelques instans

d'une noble sécurité, et la Nation française était
livrée à toutes les horreurs de l'anarchie ! Mais la
Providence a veillé sur celui qu'elle a choisi pour
accomplir ses destinées : Bonaparte est conservé à
nos vœux.

On est épouvanté lorsqu'on songe aux calamités
dont l'Empire pouvait être frappé dans la personne
de son Premier Consul, aux troubles qu'une am-
bitieuse politique et des ligues sacriléges pouvaient
alors susciter en France. Le premier corps de
l'État eut une inspiration bien salutaire ; il émit
aussitôt le vœu de l'élévation de Bonaparte à la
dignité impériale, et de la succession héréditaire
de la couronne impériale dans sa famille.

Plus grand que tous les fondateurs de Dynasties, Bonaparte abdique le pouvoir consulaire, et
laisse à la Nation française la liberté de choisir
et de sanctionner cette nouvelle forme de Gouvernement : le Peuple émet son vœu. Les autorités publiques, interprètes de sa volonté, consacrent le Gouvernement d'un seul ; interprètes
de la reconnaissance nationale, les autorités constituées défèrent la couronne impériale à Bonaparte.

Le Sénat-Conservateur, persuadé que l'hérédité du pouvoir impérial, de ce pouvoir solennellement reconnu à la Nation française dans la per-

sonne de Charlemagne, devait garantir désormais la tranquillité, l'étendue et la force de l'Empire français ; le Sénat a proclamé la nouvelle Dynastie et la dignité impériale accordées à la France. C'est après quatre années de la sage et bienfaisante administration du chef de l'État, que le corps illustre qui réunit dans son sein ces vétérans de gloire dont le sang a été répandu pour la défense de leur patrie ; ces députés de nos Assemblées nationales, mûris par les leçons de l'expérience et justement célèbres par leurs talens ; ces administrateurs et ces savans recommandables par leurs lumières et par les meilleurs services ; c'est dans le silence de toutes les passions, pour l'intérêt seul de la patrie, que ce corps vient donner au Gouvernement impérial la stabilité des plus antiques institutions. Dès ce moment la Dynastie des Capets est finie ; la Dynastie de Bonaparte est irrévocablement constituée.

Ainsi la forme de Gouvernement que la Nation possédait dans le huitième siècle, la réforme des abus qu'elle réclama lors de la convocation des États-Généraux en 1789, tout ce que le Peuple regrettait, ce qu'il a demandé dans toutes les occasions où il a joui de la liberté d'émettre son vœu, le Peuple l'obtient aujourd'hui de la Dynastie impériale ; car il n'en sera point de cette Dynastie comme de celle des Carlovingiens et des Capets. Les successeurs de Napoléon s'élèvent dans les camps, dans les Conseils, au Sénat; chaque jour ces Princes acquièrent de nouveaux droits à la confiance de la Nation française. L'Empereur l'a dit : MON ESPRIT NE SERA PLUS AVEC MA POSTÉRITÉ, LE JOUR OU ELLE CESSERA DE MÉRITER L'AFFECTION DU GRAND PEUPLE. L'Empereur saura former le Prince destiné à porter le fardeau de l'Univers; il adoptera ce Prince dans sa gloire, et c'est dans la perpétuité de la gloire de Napoléon que l'Empire français trouvera l'infaillible garant de sa prospérité.

Si la Dynastie impériale de Bonaparte assure les destinées de la France, elle protége aussi le repos de l'Europe, et répond à tous les Souverains de la conservation de leurs droits.

En effet, lorsque la France fut agitée par les factions et les guerres intestines, l'Europe ne tarda point à éprouver ces commotions violentes qui servirent bientôt de prétextes à la ligue générale des Souverains contre un Empire qui pouvait les menacer de tous les dangers auxquels il était en proie. Les armées françaises ont triomphé de toutes parts; mais un seul homme a pu vaincre les factions, terrasser l'anarchie et rétablir les lois politiques et religieuses qui font la sûreté des Empires.

Sous le gouvernement d'un tel homme, les droits des Souverains et des Peuples ont été affermis, les idées libérales et tous les principes de conservation ont succédé aux fureurs de la démagogie, et le contrat social des Nations a été fondé sur l'inébranlable base des lois et de la philosophie.

En consentant à entrer dans la famille des Souverains, Napoléon a garanti les prérogatives de la souveraineté et les droits des Nations. *La révolution morale* est faite en Europe; cela veut dire que les Souverains, instruits par la révolution française, gouverneront avec justice et régneront conformément aux lois; cela veut dire aussi que les classes privilégiées d'un État en supporteront les charges et n'opprimeront pas impunément l'Ordre du Peuple. La France a subi la leçon, la France donne l'exemple du rétablissement de l'ordre, et Napoléon *réhabilite* en Europe la royauté, les lois, la religion.

La Dynastie impériale de Bonaparte garantit le territoire comme le droit public des différens États de l'Europe. Il importe essentiellement aux grandes Monarchies, aux Républiques, à tous les États qui composent la grande famille européenne, que la France jouisse d'une considération et d'une puissance assez fortes pour assurer leur tranquillité; car l'alliance, la médiation ou la protection de l'Empire français sont nécessaires à tous les États. La force et la tranquillité de l'Europe sont placées en France. Cet Empire est le seul qui puisse maintenir la paix sur le continent, et qui puisse réprimer le despotisme maritime de l'Angleterre; les divers États de l'Europe doivent par conséquent tout attendre de la protection de la France, de sa prépondérance dans le système politique. Les événemens survenus depuis quinze années, nos factions, nos malheurs, nos succès, tout prouve, d'une manière invincible, que la France dispose de la paix, de l'équilibre et de l'existence de l'Europe. Les Souverains sont forcés de desirer, pour leur propre conservation, que le Gouvernement français soit fixe, héréditaire, immuable; les Souverains doivent souhaiter, au nom de leur propre dignité, que ce Gouvernement soit éternel dans la famille de Bonaparte. Je le répète : Un homme est devenu l'arbitre suprême, nécessaire, irrévocable des destinées publiques ; il veut le bonheur des Nations, les Nations et les Rois doivent concourir de tous leurs moyens à la stabilité de son Gouvernement et à la conservation de son Empire.

Que les Souverains de l'Europe considèrent la sagesse et la grandeur de nos institutions ! La souveraineté nationale est sagement reconnue, les dan-

(95)

gers qu'enfante la démagogie sont écartés, les lois
politiques et civiles sont garanties, et l'on n'admet
plus entre les hommes qu'une seule *égalité*, celle
que la loi établit. La liberté est dans la propriété
de territoire ou d'industrie, et dans l'exacte obser-
vation des lois ; elle ne se place point dans l'indépendance de principes ou de volontés, et dans la
violation de toutes les règles. La constitution impériale protége et défend *également* tous les sujets,
et c'est pour cela qu'elle consacre l'inégalité des fortunes et des rangs ; elle proscrit à jamais ces paradoxes aussi aisés à réfuter, que dangereux à énoncer ; paradoxes qui se terminent toujours par la
loi agraire, et qui ne placent le Peuple sur le trône
que pour le précipiter dans les fers : enfin, la propriété sert de base à la législation. Principe fondamental et conservateur du Contrat social ; car toutes les fois que le *droit de propriété* ne sera pas at-
taqué, aucun *des droits de liberté* qui appartiennent
à l'homme comme membre du Corps social, ne
sera offensé, la propriété renfermant essentiellement tous les droits que l'homme, considéré sous
le rapport politique et civil, peut avoir et doit
exercer.

Des autorités fortes et suffisamment garanties
assurent ces droits. De grands dignitaires, inter-
posés entre l'Empereur et la Nation, transmettent

les augustes décrets du chef de l'Empire. De bonnes lois sont promulguées : les magistrats reçoivent toute la force nécessaire à leur exécution. Le Gouvernement établit un salutaire et beau système d'administration politique ; il fonde la fortune publique sur la production territoriale, suivie de tous les rapports de l'industrie. La richesse et la puissance de l'État sont déterminées d'une manière positive, les règles de la contribution publique sont invariablement fixées, et la science de l'impôt perfectionne celle de l'économie politique.

La richesse de l'État est aujourd'hui celle de la Nation, et la dette publique n'est au contraire que le résultat des dissipations d'une race éteinte : le règne des favoris et des maîtresses des Rois est détruit avec eux. Tout renaît en France : l'ordre public reçoit dans toutes les parties l'heureuse certitude des améliorations qu'elles peuvent comporter. La population de la France, sa fertilité, les productions de son sol et de son industrie, lui garantissent un commerce avantageux : le Gouvernement sera toujours riche, parce que la Nation sera toujours légalement imposée.

Ce n'est point cette richesse du Gouvernement anglais, qui n'est fondée que sur l'art des emprunts et la piraterie des mers. En Angleterre, l'art des emprunts maintient encore le crédit, c'est-à-dire, la richesse fictive, nominale et de banque. Ce crédit donne au chancelier de l'échiquier, de nouvelles ressources pour prolonger les guerres et étendre le despotisme maritime de la Grande-Bretagne. Mais le mécanisme de cet art et de ce crédit tient à des ressorts si fragiles et si compliqués, que l'État repose tout entier sur la circulation des papiers du ministere : rien n'y *fonde* la prospérité publique, tout concourt à la *détruire*. Au premier échec considérable, il n'y aura pas d'intervalle entre la banqueroute et un bouleversement total, en Angleterre ; l'invasion de ses rivages et *l'acte de navigation*, promulgué aussi par les puissances de l'Europe, produiront ce bouleversement. Alors, le commerce et les mers seront libres ! C'est la majesté de l'Empire français qui contractera, car le tems des traités honteux est passé : inutilement le féroce insulaire s'obstine à repousser une paix nécessaire au Monde : nos cohortes sauront bien atteindre son territoire et trouver ainsi la liberté des mers !

Ces tems de gloire et de bonheur seront produits : Bonaparte l'a promis à l'Europe. Alors tous les principes de paix et de félicité auront été consacrés par ce guerrier, qui rend les arrêts de sa politique sacrés comme les décrets mêmes des dieux. L'Angleterre peut égarer encore quelques cabinets faibles ou nécessiteux , et c'est ainsi que quelques menaces sont hasardées contre nous dans des régions sauvages. Mais lorsqu'un violent orage a dévasté les campagnes , si l'astre du jour vient rendre au ciel sa sérénité, le laboureur ne craint pas ces murmures sourds qui se prolongent dans le lointain.

Il est utile de faire cette digression ; elle offre à tout bon Français une perspective consolante. L'augmentation progressive des emprunts et le nouveau système d'impôt adopté par le ministère anglais, ne peuvent plus en imposer sur l'état réel de la Grande-Bretagne. Le succès qu'obtiennent encore les mesures financières de M. Williams Pitt ne prouvent que l'extension désordonnée du despotisme ministériel d'une part, la fascination du crédit et de l'opinion publique de l'autre. En dernière analyse, l'intérêt de la dette publique s'élève, en Angleterre, au-delà de tout le revenu de l'État, et le capital de cette dette absorbe la valeur du territoire des trois royaumes ; en France, l'intérêt de la dette publique ne s'élève point au dessus du dixième des revenus de l'Empire : d'où l'on peut conclure, avec tous les hommes instruits et impartiaux, que l'Angleterre est l'État le plus pauvre, et que la France est l'État le plus riche de l'Europe.

Des

Des ministres vigilans sont commis, dans l'Empire français, à la garde du trésor, ainsi qu'à l'exécution des lois. La justice règne. Un homme dont les talens n'ont été surpassés que par la pratique des plus nobles devoirs, remplit les fonctions d'archi-chancelier de l'Empire, avec une dignité qui est elle-même un bienfait. Une armée invincible et des capitaines célèbres, un général toujours victorieux, des Princes dignes de leur rang et de leur nom ; une Impératrice que l'on peut appeler la seconde providence des malheureux, le plus grand des Empereurs..... Français, tels sont les garans de notre gloire et de notre prospérité ! Napoléon règne ! .....

Le premier, le plus beau de tous les droits pour acquérir une couronne est le don libre d'un Peuple sauvé d'une destruction prochaine. Un trône est peut-être un présent ; mais la paix et les lois rendues à toute une Nation, voilà des droits sacrés pour monter sur un trône.

La Monarchie impériale est le grand arbre dont le tronc et les branches doivent vivre en commun de la richesse du sol qui les porte, et des bienfaits de la famille qui les conserve.

Que de nobles intérêts, que de chers et honorables sentimens, que de principes de gloire, de prospérité et d'espérance pour servir notre Empereur, pour l'aimer, pour faire cause commune avec son auguste famille ! C'est de ce moment que le Peuple français s'appartient tout entier : plus la splendeur du trône sera grande, plus la dignité de la Nation sera illustre ; et c'est ainsi que la révolution française aura mérité tous ses succès au tribunal de la philosophie, de la politique, de la religion.

Les constitutions de la République déterminent les prérogatives impériales. Dans ces constitutions, tout est gloire, tout est liberté, tout est protection : hors de la dignité impériale sont les malheurs et les ennemis de la France. L'honneur du nom français et la prospérité de l'Empire vont dépendre de cette communauté sublime que la patrie contracte aujourd'hui avec la famille qui sauva le territoire de la France, étendit ses frontières, revendiqua ses droits, fit taire les factions et ordonna aux lois de régner.

Napoléon est arrivé à l'Empire après toutes les leçons de l'obéissance et du commandement. Dans sa personne, l'Empereur ne dérobe rien au Général, le Général ne prend rien sur l'homme d'État ; il exécute les prodiges sans les consulter ; il médite le plus simple réglement d'administration ; et lorsque la nature lui a donné toutes les qualités, la fortune n'a pu lui imposer aucun vice. Une immuable volonté forme son caractère ; la sagesse et la grandeur dirigent toutes ses actions ; avantages inappréciables après toutes les dissentions dont nous avons été si long-tems les victimes ! Sa puissance fait la sûreté de tous. Et quel prince a jamais annoncé plus heureusement l'inexorable intention de gouverner l'Empire pour le bien des sujets ! Sa clémence n'a-t-elle pas été plus loin que sa justice ? Quelle est l'action de sa vie qui puisse craindre le tribunal de la postérité ? Quels sont les malheurs qu'il n'a pas cherché à réparer, ou dont son règne ne promet pas le soulagement ? Quel est le genre de prodiges ou de bienfaits que cinq années entières de bienfaits et de prodiges ne rendent pas maintenant vraisemblables, possibles, faciles ?.....

Mais je m'arrête. Déjà, de toutes les contrées de l'Empire, les Français se pressent au pied du trône ; les Étrangers, les Princes, les Souverains, dont il garantit les droits, lui offrent le tribut de leur admiration. Il est dans nos murs, cet ancien dispensateur des dignités et des couronnes ; il vient rendre hommage à un Empire fondé par la victoire et le génie : le souverain Pontife de Rome s'honore d'attacher lui-même le bandeau impérial sur le front de Napoléon !

Capitale des sciences, Métropole de la gloire, réjouis-toi ; sois orgueilleuse d'un spectacle que les Nations et les siècles ne verront pas se reproduire ! Napoléon t'a choisie entre toutes les cités ; il veut être couronné dans tes murs ; tu reçois dans ton enceinte les Députés du grand Peuple ; sois digne d'un honneur aussi grand ! Les Rois de France dédaignaient autrefois leur Capitale, et Napoléon t'embellit ! Les chefs-d'œuvre de la Grèce et de Rome, les établissemens utiles, tous les monumens de la grandeur et des sciences te sont prodigués : Napoléon t'élève au rang de Reine des Capitales!.. Honore, par ta fidélité et par ton amour, un privilége aussi illustre ; ne cesse pas de mériter des bienfaits que la France t'envierait bientôt si tu pouvais oublier un seul instant que tu es dépositaire de l'admiration, de la tendresse et de tous les vœux de l'Empire français pour la prospérité de la Maison impériale !

Mais, que dis-je ? La Capitale offre déjà de toutes parts un empressement et des vœux unanimes : ses habitans voient avec transport les préparatifs d'une solennité dont la mémoire survivra aux ruines de leur cité. La classe des bourgeois dont on essaie de tourner les habitudes en dérision ; mais dont il faut estimer les mœurs et la probité antiques ; ces propriétaires si respectables , qui furent toujours les amis de l'ordre et de la justice ; ces véritables négocians , hommes utiles à l'État sans être nuisibles à leurs concitoyens ; la république des sciences , des lettres et des arts , dont la protection et la bienveillance impériale rehaussent encore l'éclat ; ces classes , ces habitans hâtent de tous leurs vœux le jour fortuné où la joie publique doit éclater au milieu de l'accord de tous les partis et du triomphe de la liberté ; c'est aux acclamations de tous les Français que la Cité impériale va célébrer le couronnement de l'Empereur !

Braves guerriers , invincibles cohortes , soldats du plus grand des Monarques , environnez ce génie tutélaire ; veillez sur ses destinées ; rendez les complots de l'insulaire aussi impuissans que ses armes ! Napoléon est à la fois votre Général et le Père de la Patrie ; il est le Prince des guerriers ; il est l'Empereur de la victoire ; c'est l'homme le plus auguste qui ait honoré un trône ! La Providence l'a comblé de ses dons ; elle l'a animé de son esprit : des siècles nombreux s'écouleront , dans la génération des Empires , avant que l'Univers possède un homme aussi grand. Que notre fidélité, que notre amour égalent, s'il se peut, ses bienfaits! Et puisque toutes les classes de l'État doivent leur félicité ou leur repos à Napoléon, que la fête de son couronnement soit celle de tous les Français!

F I N.

9 782019 696689